sociología

y

política

traducción de
ISABEL VERICAT

EL PODER DE LA MUJER

Y

LA SUBVERSIÓN DE LA COMUNIDAD

por

SELMA JAMES

y

MARIAROSA DALLA COSTA

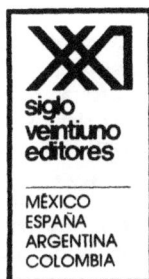

siglo
veintiuno
editores

MÉXICO
ESPAÑA
ARGENTINA
COLOMBIA

siglo veintiuno editores, sa
CERRO DEL AGUA 248, MEXICO 20, D.F.

siglo veintiuno de españa editores, sa
C/PLAZA 5, MADRID 33, ESPAÑA

siglo veintiuno argentina editores, sa

siglo veintiuno de colombia, ltda
AV. 3a. 17-73 PRIMER PISO. BOGOTA, D E COLOMBIA

los títulos originales de los ensayos incluidos en este
volumen son: donne e sovversione sociale, a woman's
place y maternita e aborto

edición al cuidado de presentación pinero de simón
portada de richard harte

primera edición en español, 1975
segunda edición en español, 1977
tercera edición en español, 1979
© siglo xxi editores, s.a. ·
ISBN 968-23-0470-9

ÍNDICE

[v]

PRÓLOGO A LA EDICIÓN LATINOAMERICANA

¿Es simplemente otra forma de imperialismo pretender que es internacional un análisis de la relación de las mujeres con el capital que se está originando en la metrópoli? Esperamos poner de manifiesto que nuestro punto de partida debe ser precisamente la metrópoli, donde el capital forja internacionalmente sus planes. Estos planes, desarrollar y subdesarrollar, se establecen en relación con el punto de desarrollo más alto. En la etapa actual de integración internacional, es imperativo esbozar las bases de estos planes y las de nuestra lucha internacional contra ellos.

Este libro parte del supuesto de que la relación de las mujeres con el capital es fundamentalmente la de producir y reproducir la fuerza de trabajo, presente y futura, de la que depende toda la explotación capitalista. Ésta es la esencia del trabajo doméstico y éste es el trabajo para el que se prepara a la mayoría de las mujeres y por el que se identifica a toda mujer. El trabajo doméstico de las mujeres, aislado y no asalariado, y el trabajo de los hombres, socializado y asalariado, son dos aspectos fundamentales de la producción capitalista.

Desde su publicación en 1972, este análisis ha sido integrado en varios niveles al pensamiento de amplios sectores del movimiento de mujeres en muchos países. Los sectores que han aceptado este análisis han continuado desarrollando una perspectiva política feminista contra el capital y su Estado, la perspectiva de salarios para el trabajo doméstico. En la actualidad, existen una serie de escritos en varias lenguas y esperamos que la publicación de este libro en español signifique la unión de esta lengua a las demás en éste y en futuros estudios.

Lo que ha permanecido intacto son las implicaciones

de este libro, en primer lugar para las mujeres en los países del Tercer Mundo y, en segundo lugar, las implicaciones que tiene para toda la lucha de la clase obrera internacionalmente y, de manera más específica, para la relación entre la clase obrera metropolitana y la del Tercer Mundo. En la introducción a la edición inglesa, el lector apreciará que mantener una perspectiva y un análisis de clase feministas significa mantener un rumbo entre Escila y Caribdis: las que se basan en una concepción de las mujeres como casta a expensas de un análisis de clase, y las que se basan en una concepción de clase desprovista de mujeres. En la metrópoli, ni desde Escila ni desde Caribdis puede considerarse a las mujeres del Tercer Mundo más que como víctimas que sólo serán liberadas por el desarrollo capitalista (las que hacen un "análisis de clase") o por una lucha contra los hombres únicamente (feministas radicales separatistas). En ambos casos su solidaridad se basa en una preocupación moral por los "que no pueden valerse por sí mismos" más que en una identidad de intereses y necesidades materiales y en una lucha mutua e interdependiente por satisfacerlos.

En nuestro proceso de desarrollo teórico y práctico, nuestra perspectiva política se ha ido refiriendo crecientemente a cada una de las áreas de la lucha de clases para poder analizarla y llevarla a cabo. Aquí exponemos en forma concisa hasta dónde ha llegado nuestra comprensión del problema. El futuro verá su desarrollo, el cual depende de un mayor intercambio internacional de lo que experimentamos y de cómo luchamos.

El problema de la revolución es el de la unificación de la clase obrera internacionalmente. La clase obrera está dividida por el poder de aquellos cuyo trabajo es asalariado (hombres) ejercido sobre aquellos cuyo trabajo no es asalariado (mujeres); la jerarquía familiar es un producto de todo el resto de la jerarquía de la sociedad capitalista y también la produce. La jerarquía en el

seno de la clase obrera no se limita de ningún modo
al poder de los hombres, identificados con el salario,
sobre las mujeres, identificadas por el trabajo no asalariado y, por lo tanto, invisible. Es un aspecto fundamental de la división capitalista del trabajo nacional e
internacionalmente y tiene amplias repercusiones en
todas partes sobre esta división del trabajo. En otro
texto, al desarrollar un párrafo de Marx,[1] enfocábamos
el problema de la siguiente manera: "Una jerarquía de
fuerzas de trabajo y la escala de salarios correspondiente.
El racismo y el sexismo nos adiestran para adquirir y
desarrollar ciertas capacidades a expensas de todas las
demás. Después, estas capacidades adquiridas se toman
como si fueran nuestra naturaleza y fijan nuestras funciones de por vida, fijando también la calidad de nuestras relaciones mutuas. De este modo, plantar caña o
té no es un trabajo de blancos, cambiar pañales no es
un trabajo de hombres y pegar a los niños no es violencia. Raza, sexo, edad, nación, son cada uno de ellos
elementos indispensables para la división internacional
del trabajo. *Nuestro feminismo se basa en un estrato,
hasta ahora invisible, de la jerarquía de fuerzas de trabajo —el ama de casa— al que no corresponde ningún
salario en absoluto"*.[2]

De este modo, comenzando por el trabajo no asala-
do del ama de casa, acabamos redefiniendo la lucha de
clases en términos internacionales y, muy especialmente,
redefiniendo la relación entre la clase obrera en la metrópoli y la clase obrera en áreas de subdesarrollo tec-

[1] Karl Marx, *El capital*, vol. I, México, 1959, p. 284. "...la
manufactura va creando una jerarquía de fuerzas de trabajo, a
la que corresponde una escala o gradación de salarios. De una
parte, el obrero individual se ve adoptado y anexionado de por
vida a una función determinada; de otra parte, los distintos
trabajos se ajustan, por idéntica razón, a aquella amplia jerarquía
de aptitudes naturales y adquiridas..."

[2] Selma James, *Sex, race and working class power*, publicado
conjuntamente por Falling Wall Press y Race Today, Brístol,
Inglaterra, 1975.

nológico. Los trabajadores no asalariados en el campo, los trabajadores de los intersticios industriales con salarios bajos, y los que trabajan con salarios todavía más bajos en las cocinas de los asalariados y los ricos del Tercer Mundo están divididos por el poder —y no por la clase— de la clase obrera en la metrópoli.

Los partidos políticos de izquierda en el Tercer Mundo, que suenan con frecuencia como ecos vigorosos de la izquierda en la metrópoli, señalan la pobreza agonizante y/o la represión a fin de socavar tanto la determinación de las mujeres del Tercer Mundo a organizarse autónomamente como la floreciente realidad de sus luchas autónomas. En cualquier país del Tercer Mundo, la dirección masculina de la lucha de clases es tan nociva para las mujeres y, por lo tanto, para la lucha que se lleve a cabo allí, como lo es en la metrópoli. Aclaremos, pues, no sólo lo que nos divide como mujeres sino lo que es la base material de nuestra unificación.

En primer lugar, allí donde hay un salario, la dominación del salario del hombre sobre la mujer es internacional. La reproducción de obreros destinados a las minas, telares o fábricas es en todas partes un producto del trabajo femenino no asalariado. Cada situación es, claro está, única. En algunos lugares de África es frecuentemente en la familia tribal extendida donde las mujeres ejecutan este trabajo no asalariado para el capital. En Zambia, las minas de cobre están magnánima y crecientemente rodeadas por viviendas de la compañía consistentes en *bungalows* de dos y tres habitaciones. Lo mismo sucede en la industrial ciudad de México: se nucleariza y desculturiza la familia con un solo trazo arquitectónico. ¡Cuán eficiente es disponer de obreros que se van extenuando diariamente y son reproducidos en el mismo lugar por otros obreros (de otro sexo)! Y se supone que debemos estar agradecidas al gobierno y/o a la industria por proporcionarnos viviendas —*nuestras* fábricas— por las que hasta pagamos renta. También en Caracas, donde la tecnología a la que debe someterse el obrero petrolero es sumamente alta, la producción del petróleo depende absolutamente del trabajo doméstico de las mujeres. El siguiente libro intenta mostrar por qué existe esta gran discrepancia entre la tecnología de la extracción y refinería del petróleo y la de la extracción y refinería de obreros petroleros. Se pone de manifiesto cómo la esposa del obrero petrolero es tan productiva como él porque ella, diariamente, "directamente produce, educa, desarrolla, mantiene (y) reproduce la fuerza de trabajo misma".[3] Estas cuestiones, aunque no sean las mismas, son similares a las referentes a la discrepancia entre la tecnología del Tercer Mundo y la metropolitana en general, y a las que respectan a *quién es productivo a nivel internacional.*

En segundo lugar, en la abrumadora mayoría del mundo, junto a la reproducción llevada a cabo por las mujeres de la fuerza de trabajo cuando ésta se destruye diariamente *en el campo, está el uso y destrucción de la propia fuerza de trabajo de las mujeres en la tierra.* Frecuentemente, el trabajo de la mujer está regido no a través del salario del hombre y la falta de salario de la mujer sino mediante *una estructura patriarcal que antecede a la sociedad capitalista.* Puede que esta estructura todavía no haya pasado por *la reorganización capitalista del patriarcado: el patriarcado del poder del salario.* Sin embargo, es *la relación de salario internacionalmente* la que rige las dos formas de trabajo: la reproducción de la fuerza de trabajo para el campo y la reproducción de los bienes materiales que esta tierra producirá. *De la misma manera en que el carácter proletario del trabajador en la casa queda oculto por la falta de un salario, el carácter proletario del trabajador de la tierra, "el campesino", con o sin tierras propias, queda oculto por la falta de salario de este trabajo.*

[3] Karl Marx, *Teoría de la plusvalía,* parte primera: "El trabajo productivo será por lo tanto considerado como tal cuando produce bienes de consumo o directamente produce, educa, desarrolla, mantiene o reproduce la fuerza de trabajo".

La mayoría de las mujeres latinoamericanas son o indígenas o de extracción indígena y existen a base de una agricultura de subsistencia y realizando una doble carga de trabajo no asalariado: como jornaleras, mini-fundistas o ejidatarias y como amas de casa. Su trabajo es fundamental e indispensable en esta unidad de producción, la familia, en la que la mujer transforma las materias primarias en los pocos bienes de consumo de comida y vestido para la casa.

Aun cuando hay pago en forma de salario (a los jornaleros) o en forma de pago por la venta de cosechas, es el hombre quien probablemente lo recibe. Las mujeres y los niños que trabajan junto a él, trabajan para el capital a través de su mandato. Pero por lo menos el trabajo de las mujeres y de los niños no está disfrazado: se reconoce como trabajo. Lo cual es más de lo que puede decirse del ama de casa urbana que está directamente dominada por el salario; su trabajo doméstico, al no estar asalariado, no se considera en absoluto trabajo.

Así es como el capital se ha apoderado de todos los modos de producción y de la "serie de antiguos y venerables prejuicios y opiniones"[4] que emanan de estos modos para explotar a todos los que están temporalmente atrapados en ellos; refuerza esta explotación mediante los prejuicios y opiniones que generan de los que las mujeres son las que más sufren y *de manera más específica*. Ignorar y, por lo tanto, enturbiar la naturaleza específica de la explotación de las mujeres (*y de los niños*) y la naturaleza específica y autónoma de las luchas que *debe* producir, utilizando el chantaje de la pobreza universal o la represión universal, es recurrir a un moralismo que de hecho constituye un ataque po-

---

[4] Karl Marx y Federico Engels, *Manifiesto comunista*, Santiago de Chile, 1970, p. 11: "Los continuos cambios en la producción, el incesante sacudimiento de todas las relaciones sociales, la eterna incertidumbre y agitación, destacan a la época burguesa entre todas las anteriores. Quedan rotas todas las relaciones fijas y arraigadas, con su secuela de creencias e ideas venerables, mientras las recién establecidas caducan antes de oficiarse..."

lítico a los menos poderosos y, por lo tanto, dicho sea de paso, a los más pobres y reprimidos. Cuando se ataca a los menos poderosos, todas las fuerzas de subverión se debilitan.

Es imposible hablar de la relación de las mujeres con el capital *en cualquier parte* sin enfrentar al mismo tiempo la cuestión de desarrollo *versus* subdesarrollo (ver pp. 47-48 de "Las mujeres y la subversión de la comunidad"). Es incluso más inevitable cuando es de las mujeres del Tercer Mundo de las que hablamos ya que su situación no puede deducirse del contexto general de subdesarrollo predominante; son más bien un buen filo para abordar el nudo gordiano con el que se enfrenta toda la lucha·de clase obrera en el Tercer Mundo.

Hasta ahora la tendencia ha sido incluir a todos los que no son proletariado urbano bajo el término "campesinos". Una vez que se ha dado por sentado que la división básica en el seno de la clase obrera internacionalmente es la de asalariados y no asalariados, y que *ser no asalariado no significa necesariamente quedar fuera de la relación capitalista de salario*, se debe reexaminar toda forma de trabajo existente en la actualidad para determinar la relación social que reproduce: si hay plusvalía o no, si se roba esta plusvalía (apropiándosela alguien que no es el trabajador) y, si éste es el caso, quién se la roba: en otras palabras, cuándo y dónde el capital ha transformado los modos de producción precapitalistas en modos para su propia expansión. Incluso la familia campesina de subsistencia en México, por ejemplo, que no produce excedentes materiales, puede estar trabajando en forma útil para el capital; braceras y braceros constituyen un ejército de reserva de trabajo barato e intimidado,[5] destinado especialmente a las fincas de

---

[5] La intimidación que ha ejercido sobre estos obreros el Estado norteamericano (tradicionalmente con ayuda de vigilantes armados, oficiales y no oficiales) se plantea como una protección a los trabajadores norteamericanos nativos. Para su regocijo, algunos norteamericanos de ascendencia bracera han

California y Tejas, que las mujeres con nuestros esfuerzos inagotables hemos producido. Allí donde nuestro producto, la fuerza de trabajo, está "sobrepoblando" —es decir, cuando se rebela y se niega a morir de hambre silenciosamente— el Estado, en la forma no armada de fundaciones Rockefeller o en la forma armada de tropas y "expediciones" nativas o extranjeras, procura "regular nuestra productividad". Las mujeres estamos repudiando en todo el mundo estos controles de nuestra función reproductora, controles que van desde la esterilización masiva al genocidio masivo de los ya nacidos, mediante hambrunas planificadas y otras técnicas más científicas.

En cada una de las situaciones, internacionalmente va en aumento nuestra exigencia del derecho a tener hijos cuyo nacimiento no represente nuestra agonía física, social y financiera; y del derecho a no tenerlos si así lo deseamos. Las campañas de control de la natalidad reflejan vulgarmente los brutales intereses, inmediatos y a largo plazo, del Estado. En su propaganda, al dar una imagen de nosotras como víctimas que no sabemos lo que nos conviene, nuestros intereses se convierten en la excusa para que ellos perpetren sus intereses en contra nuestra. De las hambrunas que el Estado organiza, o por lo menos permite, se culpa a nuestra fertilidad. Nos negamos a ser por más tiempo máquinas reproductoras que pueden ponerse en funcionamiento o pararse según cambien los planes de producción. Tener o no tener hijos debe ser nuestra elección y·forma parte de nuestro desarrollo individual y social.

Pero esto ya es exigir más de lo que cualquier partido

apoyado la reciente restricción de la inmigración proveniente de México. Lo cual únicamente significa, claro está, que los salarios del que entra ilegalmente puedan ser incluso más bajos. Ver *New York Times*, lunes 2 de diciembre, 1974, "Ruling on Mexican aliens stirs Chicanos' Job fears". La organización de la clase obrera limitada a las fronteras nacionales y a la lucha por empleos siempre da como resultado que acabemos arañándonos unos a otros.

político haya aceptado que las mujeres del Tercer Mundo sientan necesidad de tener. Nosotras sentimos muchas necesidades porque hemos aprendido muchas cosas, aun cuando ellos creyesen que estaban dándonos lecciones muy diferentes.

En una vecindad mexicana quizás una familia pueda permitirse comprar una televisión. Las otras familias de alrededor tienen que pagar por verla; tienen que encontrar el dinero para pagar por verla, tienen que encontrar un trabajo o cultivar una cosecha o *luchar por el salario sin el trabajo* que otorgará el dinero para pagar por verla. O reapropiarse otra como aquélla o más grande, es decir, luchar por *el salario sin el trabajo* de un modo que deja de lado la forma monetaria.

Una vez que se ha visto la televisión o se han escuchado los sonidos rechinantes del modelo barato de radio de transistores en el pueblo o en el campo, esta persona, esta familia, esta comunidad, han rebasado cualquier definición de sí mismas como "campesinas". Cuando la mujer de un área de subdesarrollo en el corazón de Europa, como lo sería un pueblo de España, ve una película de Hollywood, el argumento es secundario a la tecnología de la cocina norteamericana (que es todavía a pesar de todo, el lugar *de la mujer* norteamericana). O sea que estamos dispuestas a pedir en México, Tanzania, la India y España toda la riqueza que exista y de la que se nos ha privado. Porque en los medios de comunicación de masas nos hablan y hasta nos muestran todos los productos de la tecnología que se niegan a los pueblos del Tercer Mundo. Han encargado a los medios de comunicación transmitirnos un mensaje, pero nosotras hemos captado otro muy diferente porque hemos llegado a ellos con la mente saturada de rechazar la amargura de nuestra experiencia. Los medios de comunicación presentan una imagen, por muy deformada que ésta sea, de todo un mundo que los campesinos del tiempo de Lenin o de Zapata nunca supieron que existía. Muestran una gama de bienes, y por lo tanto una

gama de posibilidades, que *nadie* conocía en la época
de Lenin o Zapata porque no existía en *ninguna parte*.
Nuestras experiencias como mujeres explotadas, urbanas
o rurales, del Tercer Mundo o metropolitanas, son ex-
clusivas en cada caso. *Nuestras necesidades y nuestros
deseos son internacionales y universales*: ser libres, libres del trabajo que nos ha extenuado por siglos, libres
de la dominación de los hombres y de depender de ellos.
Repudiamos la suposición de que nosotras que no estamos socializadas, colectivizadas, sindicalizadas, seamos las "atrasadas". La tecnología atrasada con la que
nos han cargado no es la medida de nuestras propias
aspiraciones. Y ése es nuestro dilema.

Muchos norteamericanos bien intencionados que re-
gresaron de Cuba después de haber cortado caña seis
semanas en las brigadas Venceremos, puede que glori-
fiquen el cortar caña como sucedió con los miembros
del Partido comunista que visitaron Rusia y alabaron
la colectivización forzosa. Pero ¿quién quiere cortar caña toda su vida? ¿Quién quiere cocinar, lavar, cuidar
a los niños, cuando regresa a casa después de un día
de trabajo en el campo? No los que se fueron después
de seis semanas. Lo que necesitamos en vez de trabajo
son salarios, empezando por los salarios por el trabajo que nosotras las mujeres hemos realizado siempre sin
salario, ya cocinemos con carbón o gas, ya lavemos la
ropa a la orilla del río, en lavaderos o en máquinas. Se
trata de nuestro tiempo, nuestra energía, nuestras vidas.
Ya es hora de que se dé un pago a este trabajo.

En la metrópoli, cuando pedimos un salario al Estado, se nos dice que podemos obtenerlo en las oficinas
o fábricas que están esperando chuparnos lo poco que
ha dejado de nuestras vidas la máquina de lavar. Millones de nosotras son conducidas allí diariamente por
una inflación que está transformando el hecho de llevar a casa un salario —y por lo tanto hacer un turno
doble— en otro deber doméstico, otra tarea, otra obligación de la esposa. En México, con una tasa del 40% de

desempleo o subempleo,[6] proponer que las mujeres que
quieren un salario tomen un segundo empleo en las
fábricas, oficinas, etc. (si es que ya no tienen uno en
el campo), es todavía más ridículo. Ninguna de nosotras quiere este segundo empleo, ni las que ya lo tienen
junto con el donativo del salario que puede que lo
acompañe, ni las que necesitan desesperadamente un salario a pesar de la jornada de 16 horas de amas de casa.
Más trabajo nunca endulzará nuestra amargura. Aun
así, a las mujeres del Tercer Mundo (de hecho a *todas*
las mujeres) se les dice que no hay más solución que
aceptar este "desarrollo", es decir, aceptar una explotación más racionalizada si son lo bastante afortunadas
para obtenerlo en este mar de falta de salarios. Hay únicamente un desarrollo hoy en el mundo y es el desarrollo capitalista, una explotación aún mayor que la que
hemos sufrido hasta ahora. Éste es el precio que hemos
pagado tradicionalmente por el salario. Todavía cria-
remos, educaremos y cuidaremos a la nueva generación
mientras nos estamos "beneficiando" de la línea de ensamble de su desarrollo. También, ya que tantas de nosotras carecen de salario, conseguirán emplear a unas
cuantas a precio rebajado. Aceptar pasivamente este
desarrollo es aceptar un desarrollo de la esclavitud, lo
opuesto a su abolición.

[6] Miguel López Saucedo, *Excélsior*, 18 de febrero, 1974. Con
el título: "En 20 años 5% menos mexicanos activos", apareció
lo siguiente: " 'El desempleo se ha convertido en el problema
prioritario del desarrollo nacional' afirmó ayer el licenciado Jorge
Efrén Domínguez, director general de Programación de la Se-
cretaría de Trabajo y Previsión Social. Dijo que hace dos
décadas 32 de cada cien mexicanos eran económicamente activos y que en la actualidad sólo 27 de cada ciento. Subrayó que
se requiere crear en el país más de 600.000 nuevos empleos
cada año y que el fenómeno del desempleo y subempleo afecta,
conjuntamente, a más de 40% de la fuerza de trabajo en México". No se considera, por supuesto, a las amas de casa ni
entre los desempleados sin salario ni entre los económicamente
activos ya que no reciben salarios; sin embargo, ¡son muy ac-
tivas económicamente!

Para nosotras, las mujeres de la metrópoli, exigir un salario del Estado por el trabajo que estamos haciendo en la casa es nuestra única elección verdadera para poder rechazar masivamente éste y el segundo empleo, asalariado, que realizamos. A medida que se agudiza la crisis del capital, no está claro qué lugar ocupará la mujer metropolitana en sus planes. Hay, sin embargo, algo que ya está claro. Aunque estamos rodeadas por el desarrollo, han comenzado a esgrimir la pobreza y la austeridad y esperan que las mujeres seamos las primeras en absorber la sacudida. Cuando pedimos salarios por el trabajo doméstico en la forma que sea —guarderías controladas por nosotras, contraconceptivos y abortos gratuitos, que no nos enfermen, maten o esterilicen, la socialización de nuestro trabajo en nuestros términos para que nos quede tiempo libre y, lo más importante, dinero que podamos considerar propio— aquí ahora nos dicen lo que siempre han respondido en el Tercer Mundo a cualquier demanda hecha por las mujeres: "no hay dinero".

Nuestra gran ventaja en la metrópoli es que la riqueza que se nos ha robado a todos está en el mismo lugar que nosotras, ahí mismo para exigir que se nos devuelva. Para las mujeres del Tercer Mundo es infinitamente más difícil pedir que se les devuelva la riqueza que su trabajo ha creado. El dilema es que esta riqueza no está donde ellas están. Esto plantea enormes problemas de organización y movilización de poder. Aun así, no hay elección. El Estado de cualquier país del Tercer Mundo que haya intentado imponer el desarrollo en forma de "ayuda" y/o inversión ha tenido, en definitiva, que defender este desarrollo con armas contra la clase obrera. Cuando se propone que el camino hacia la nueva sociedad pasa por un aumento de nuestra productividad, los escuadrones chilenos están ahí para garantizar que no nos desviemos de este camino.[7]

7 El ama de casa chilena fue por supuesto parte de la resistencia de la clase obrera a la productividad. Pero esto ha sido

Ya que en el pasado hemos perdido aun cuando no pedíamos lo suficiente, no nos puede ir peor pidiéndolo todo. Y aunque la riqueza en el Tercer Mundo no esté ahí mismo, los agentes de su continua expropiación están siempre a mano. El Estado está constituido por el gobierno y las fundaciones Rockefeller sólo en parte; ellos son los ejecutores fuera de las fábricas de las corporaciones multinacionales que dirigen nuestra explotación, planifican su calidad e intensidad, como parte integrante de un plan internacional que abarca a todos los países, mujeres y hombres, niños y adultos, la clase obrera empleada y la desempleada, los asalariados y no asalariados de esta clase, los que viven en zonas urbanas y rurales de esta misma clase. Estas demandas de salarios tendrán que ser hechas, en definitiva, por todas las mujeres contra ellos y contra las armas (generalmente de los Estados Unidos) que imponen por la fuerza sus planes y decisiones. Alzar nuestra voces internacionalmente para pedir nuestro salario y un fin al trabajo que realizamos —el cual no nos ha aportado ningún salario en la casa y muy poco fuera de ella—, exigir *nuestro* desarrollo y poner la tecnología al servicio de *nuestro* desarrollo, lo opuesto a estar nosotras al servicio de una tecnología en desarrollo cuyos beneficios después se nos niegan, es revolucionar completamente los términos de la lucha. Es articular la internacionalización de nuestra lucha y ejercer nuestro poder en cualquier momento del circuito internacional capitalista. Los hombres no asalariados deben seguir nuestra dirección; aunque tengamos que luchar frente a ellos por el derecho a luchar contra

ahogado por el tintineo de una mitología cuidadosamente elaborada sobre el ama de casa chilena reaccionaria y que ha servido internacionalmente a la derecha y a la izquierda establecida no sólo para enturbiar la lucha revolucionaria de las mujeres chilenas sino para socavar la lucha de las mujeres en todas partes. Fue en especial la ocasión que se le presentó a la izquierda para desahogar la rabia que les provoca nuestra audacia al organizarnos sin ellos y contra su liderazgo.

el capital, esto no será en sí mismo más que una etapa avanzada del proceso revolucionario.

Así, a medida que las mujeres latinoamericanas lean acerca de nuestra experiencia y nuestro análisis, quizás se vean frecuentemente reflejadas a sí mismas; quizás vean el futuro que les ha sido propuesto, finalmente desromantizado, por aquellas que lo viven; quizás nuestra lucha les dé fuerza, como a nosotras la suya, y sepan cuán conscientes somos de nuestra mutua interdependencia.

En 1971 decíamos: "Las mujeres del Tercer Mundo no han hablado todavía de los efectos que han tenido en ellas y en la familia tradicional el gobierno colonial y la industrialización. Cuando lo hagan, los horrores que nosotras asociamos ahora con el capitalismo y el imperialismo adquirirán nuevas dimensiones. Necesitamos una historia del imperialismo y de la división del trabajo entre el mundo industrial y el agrícola hecha por las mujeres..."[8]

Esta historia ha comenzado a surgir como un arma en la lucha que se está llevando a cabo.

Poder a las hermanas y por lo tanto a la clase internacionalmente.

SELMA JAMES

Londres, 8 de enero de 1975

---

[8] *From feminism to liberation* (recopilado por Edith Hoshino Altbach), Schenkman Publishing Co., Inc., Cambridge Massachusetts, 1971: Selma James, "The American family: decay and rebirth", p. 197.

INTRODUCCIÓN

SELMA JAMES

Los dos artículos que siguen fueron escritos con 19 años de diferencia y a 12 000 kilómetros de distancia. El primero, "Las mujeres y la subversión de la comunidad", es producto del nuevo movimiento de mujeres en Italia. Es una importante aportación a la pregunta planteada por la existencia de un creciente movimiento internacional de mujeres: ¿cuál es la relación de las mujeres con el capital y qué tipo de lucha podemos librar efectivamente para destruirlo? Hay que añadir inmediatamente que —aunque esté relacionado— no es lo mismo que preguntar: ¿qué concesiones podemos arrancar al enemigo? Preguntarse lo primero es suponer que ganaremos; preguntarse lo segundo es calcular qué podemos salvar de la destrucción de la derrota. Pero, luchando para *vencer,* pueden obtenerse muchas cosas en el camino.

Hasta ahora, el movimiento de las mujeres ha tenido que definirse a sí mismo sin la ayuda de una herencia seria de crítica marxista sobre la relación de las mujeres con el plan capitalista de desarrollo y subdesarrollo. Todo lo contrario. Hemos heredado un concepto reformista y deformado del capital como una serie de *cosas* que luchamos por planear, controlar o dirigir, más que como una *relación social* que luchamos por destruir.[1] Dejando

[1] "...Wakefield descubre en las colonias que no basta que una persona posea dinero, medios de vida, máquinas y otros medios de producción, para que se le pueda considerar como capitalista, si le falta el complemento: el obrero asalariado, el otro hombre obligado a venderse voluntariamente ...y descubre que *el capital no es una cosa, sino una relación social entre personas a las que sirven de vehículo las cosas.* Mr. Peel —clama ante nosotros Wakefield— transportó de Inglaterra al Swan

[1]

de lado esta herencia o la falta de ella, nuestro movimiento ha explorado la experiencia femenina comenzando por lo que personalmente sabíamos de ella. Así es como hemos sido capaces de describir por primera vez a escala masiva, con un profundo conocimiento y precisión tajante, la degradación de las mujeres y la formación de nuestra personalidad llevada a cabo por fuerzas que pretendían que aceptásemos esta degradación, que aceptásemos ser víctimas calladas e impotentes. En base a estos descubrimientos, han surgido dos tendencias políticas distintas, aparentemente extremos opuestos de la gama política existente dentro del movimiento de la mujer.

Entre las que han insistido en que lo fundamental era la *casta* y no la clase, algunas mujeres han sostenido que lo que ellas llaman un "análisis económico" no podría abarcar la opresión física y psicológica de las mujeres, así como tampoco podría terminar con ella una lucha política. Rechazan la lucha política revolucionaria. Dicen que el capital es inmoral, necesita reformas y debe ser superado —implicando con eso que las reformas son una obligación moral y que constituyen en sí mismas una transición negociada y, sobre todo, no violenta al "socialismo"— pero no es el único enemigo. En primer lugar tenemos que cambiar a los hombres y/o a nosotras mismas. De modo que no sólo se rechaza la lucha política sino también la liberación para la masa de mujeres que están demasiado ocupadas trabajando y cuidando a los demás para buscar una solución personal.

River, en Nueva Holanda, medios de vida y de producción por valor de 50 000 libras esterlinas. Fue lo suficientemente previsor para transportar además 3 000 individuos de la clase trabajadora, hombres, mujeres y niños. Pero, apenas llegó la expedición al lugar de destino, 'Peel se quedó sin un criado para hacerle la cama y subirle agua del río'. ¡Pobre Mr. Peel! Lo había previsto todo, menos la exportación al Swan River de las condiciones de producción imperantes en Inglaterra." Marx, *El capital*, vol. i, Fondo de Cultura Económica México, 1972, pág. 651, traducción de Wenceslao Roces. [Subrayados de Selma James.]

Las posibles direcciones futuras de esta política varían, principalmente porque este punto de vista adopta formas diferentes según sea el estrato social del que provengan las mujeres que lo sostienen. Un club elitista de este tipo puede permanecer introvertido y aislado; inofensivo, si no fuera porque desacredita al movimiento en general. Puede ser una fuente, por otra parte, de estos tipos directivos que la clase dominante busca en todos los campos para que le desempeñen funciones de control sobre las mujeres rebeldes y —bendita sea la igualdad— también sobre los hombres rebeldes.[2] Formando parte integrante de esta participación en los aspectos marginales del gobierno existe también, dicho sea de paso, una ambición y competencia que hasta ahora se habían identificado principalmente con los hombres.

Pero la historia pasada y futura no es simple. Tenemos que tener en cuenta que algunos de los hallazgos más incisivos del movimiento, y de hecho su autonomía, provienen de mujeres que comenzaron basándose en un rechazo de la clase y de la lucha de clases. La labor del movimiento ahora consiste en desarrollar una estrategia política sobre los cimientos de estos descubrimientos y en base a esta autonomía.

La mayor parte de las que han insistido desde el principio en que lo fundamental era la *clase* y no la casta han sido menos capaces de traducir nuestros análisis psicológicos en una acción política autónoma y revolucionaria. Al comenzar por una definición masculina de *clase*, la liberación de la mujer queda reducida a salarios iguales y a un *Welfare State* "más justo" y efi-

---

[2] El *Financial Times* del 9 de marzo de 1971, sugiere que muchos capitalistas están desaprovechando la oportunidad de "usar" a las mujeres en puestos de nivel medio; al ser "forasteras agradecidas", las mujeres no sólo reducirían la estructura remunerativa, "por lo menos al principio", sino que serían una "fuente de nueva energía y vitalidad" con la que nos dirigirían a los demás.

ciente.[3] Para estas mujeres el capital es el enemigo principal no porque *exista*, sino porque está *atrasado*. No tratan de destruir la relación social capitalista sino únicamente organizarla más racionalmente. (La izquierda italiana extraparlamentaria denominaría "socialista" a esta posición, para distinguirla de la revolucionaria.) Llaman "opresión" a todo lo que un capital racionalizado no puede arreglar —igual salario, más y mejores guarderías, más y mejores empleos, etc.— la cual, como Topsy el niño esclavo que no conoció a sus padres, "creció, sin más ni más". La opresión desconectada de las relaciones materiales es un problema de "concientización" —en este caso, la psicología se disfraza de jerga política. De este modo, se ha utilizado el "análisis de clase" para limitar la amplitud del ataque del movimiento y para socavar incluso la autonomía del mismo.

La naturaleza liberal, esencialmente similar, de estas dos tendencias que intentan controlar racionalmente la "sociedad" para eliminar la "opresión", no se manifiesta generalmente hasta que vemos a estas mujeres "políticas" y a las "no políticas" unidas por demandas concretas o, más frecuentemente, en contra de acciones revolucionarias. La mayoría de mujeres en el movimiento no per-

---

[3] Si esta afirmación parece extrema, véanse las demandas por las que marchamos en Inglaterra en 1971: salario igual, guarderías gratis las 24 horas del día, igualdad de oportunidades en la educación, y contraconceptivos gratis y aborto a petición. Incorporadas a una lucha más amplia, algunas de estas demandas son vitales. Tal como figuran, aceptan que no tengamos los hijos que no podemos mantener; piden al Estado facilidades para cuidar las 24 horas del día a los niños que podemos mantener; y piden que estos niños tengan oportunidades iguales de ser condicionados y educados para venderse en competencia unos con otros en el mercado de trabajo por un salario igual. En sí, no son únicamente demandas integrables al sistema. Son planificación capitalista. La mayoría de las que pertenecíamos al movimiento nunca sentimos que estas demandas expresaran adónde queríamos que fuera el movimiento, pero a falta de un marco político feminista independiente, perdimos por no comparecencia. Las principales productoras de estas demandas fueron mujeres que aplicaban un "análisis, de clase".

tenecemos a ninguna de estas dos tendencias y hemos tenido dificultades trazándonos un camino entre ellas. Tanto unas como otras nos preguntan: "¿Eres feminista o política?"

Las mujeres "políticas" que hablan de la clase son fáciles de identificar. Son las que están a favor de la liberación y cuya alianza primordial no es con el movimiento de mujeres sino con las organizaciones de izquierda dominadas por el hombre. Una vez originadas la estrategia y la acción a partir de una fuente exterior a las mujeres, la lucha de la mismas se mide por el modo en que se supone que afectará a ·los hombres, conocidos de otra manera como "los obreros", y la conciencia de las mujeres, por la adopción de formas de lucha que han utilizado tradicionalmente los hombres.

Las mujeres "políticas" nos ven al resto como no políticas y esto nos ha llevado a unirnos para autoprotegernos, ocultando o dando poca importancia a las diferencias políticas reales que hay entre nosotras. Ahora comenzamos a sentirlas. Los que se denominan grupos de psicología (no me refiero a los grupos de concientización) tienden a expresar la política de casta muy coherentemente.[4] Pero cualquiera que sea el origen de estos grupos, considerar a las mujeres únicamente como casta

---

[4] La psicología es *por naturaleza* una excelente arma de manipulación, a saber, de control social de hombres, mujeres y niños. No cambia de naturaleza cuando la esgrimen mujeres en un movimiento de liberación. Todo lo contrario. En la medida en que lo permitimos, manipula el movimiento y cambia la naturaleza de éste para adaparse a sus necesidades. Esto sucede no sólo con la psicología. "El movimiento de liberación femenina necesita:

a] destruir la sociología en tanto que ideología de los servicios sociales basada en la proposición de que esta sociedad es "la norma"; si alguien se rebela, se trata de un desviacionista.

b] destruir la psicología y la psiquiatría que se pasan el tiempo convenciéndonos de que nuestros "problemas" son broncas personales y que debemos adaptarnos a un mundo lunático. Estas llamadas "disciplinas" y "ciencias" incorporarán cada vez más nuestras demandas con el fin de redirigir nuestras fuerzas

es una línea política precisa que está encontrando cada vez mayor expresión política y organizativa en toda discusión sobre qué hacer. En el período venidero de intensa actividad de la clase obrera, a medida que nos veamos forzadas a crear nuestro propio marco político, eliminando teorías de segunda mano de los movimientos socialistas dominados por el hombre, la preeminencia de la casta se planteará como alternativa y tendrá que enfrentarse y también rechazarse. Sólo sobre estas bases puede encontrar voz y fuerza la nueva política inherente a la autonomía.

Este proceso de desarrollo no es exclusivo del movimiento de mujeres. El movimiento negro en Estados Unidos y en todas partes comenzó también adoptando lo que parecía ser únicamente una posición de casta, en oposición al racismo de los grupos dominados por los hombres blancos. Tanto los intelectuales de Harlem como Malcom X —ese gran revolucionario— eran nacionalistas; ambos parecían anteponer el color a la clase cuando la izquierda blanca todavía entonaba variaciones de "Negros y blancos, unidos en la lucha", o "Negros y trabajadores tenemos que unirnos". La clase obrera negra a través de este nacionalismo pudo *redefinir la clase:* negros y trabajo eran, abrumadoramente, sinónimos (de ningún otro grupo era el trabajo tan sinónimo, excepto quizás de las mujeres), las demandas de los negros y las formas de lucha creadas por ellos eran las demandas de *clase obrera* más comprehensivas y la lucha de *clase obrera* más avanzada. Esta lucha consiguió

a canales seguros bajo su mando. Si no nos ocupamos de ellas, ellas se ocuparán de nosotras.

c] desautorizar de una vez por todas a los trabajadores sociales, educadores progresistas, consejeros matrimoniales, y a todo el ejército de expertos cuya función es mantener a hombres, mujeres y niños en funcionamiento dentro del marco social, cada uno mediante su rama especial de lobotomía frontal social."

("La familia norteamericana: decadencia y renacimiento", Selma James. Reimpreso en: *From feminism to liberation*, recopilado por Edith Hoshino Altback, Schenkman, Cambridge, Mass. 1971, pp. 197-8.)

atraer a los mejores elementos de entre los intelectuales que vieron su persecución en tanto que negros —como una casta— basada en la explotación de los obreros negros. Aquellos intelectuales que quedaron atrapados en el momento del nacionalismo —después de que la clase obrera ya había ido más allá— consideraron cada vez más la raza en términos individuales y constituyeron el grupo al que el Departamento de Estado pudo echar el cebo para pescar al individuo simbólico —designando a un negro consejero presidencial especial para el saneamiento de los barrios bajos, por ejemplo— y extraer al personal de una nueva tecnocracia, más integrada.

Del mismo modo, las mujeres para las que la casta es el tema fundamental realizarán la transición al feminismo revolucionario basándose en una redefinición de clase o brindarán la integración a la estructura de poder masculina blanca.

Pero "las mujeres 'marxistas'", como dice una mujer del movimiento en Nueva Orleans, "no son más que hombres 'marxistas' disfrazados". Su manera de ver la lucha no es cualitativamente diferente de la que siempre ha recomendado a las mujeres el movimiento organizado de los trabajadores *con dirección masculina,* excepto que ahora, añadido a la "lucha general", hay algo llamado "liberación femenina" o "lucha femenina" proclamada por las mismas mujeres.

Por "lucha general" entiendo lucha de clases. Pero en el capitalismo no hay nada que no sea capitalista, es decir, que no sea parte de la lucha de clases. Los puntos en cuestión son los siguientes: a] ¿Son las mujeres, excepto cuando son trabajadoras asalariadas, auxiliares al capitalismo (como se ha supuesto) y, por lo tanto, auxiliares en una lucha más básica, y general contra el capitalismo? y b] ¿Puede ser "general" algo que ha excluido a tantas mujeres durante tanto tiempo?

Rechazando por una parte que la clase esté subordinada al feminismo y, por la otra, que el feminismo esté subordinado a la clase, Mariarosa Dalla Costa ha con-

frontado lo que ha pasado por marxismo —para vergüenza nuestra— con la experiencia femenina que
hemos estado explorando y hemos luchado por articular.
El resultado ha sido la traducción de nuestras introspecciones psicológicas en una crítica de la economía
política de la explotación de las mujeres, la base teórica
para una lucha femenina revolucionaria y autónoma.
Basándose en *cómo* sabemos que se nos degrada, entra
en la cuestión de *por qué*, con una profundidad no alcanzada, que yo sepa, hasta ahora.

Uno de los grandes logros de Marx fue mostrar que las
relaciones sociales específicas entre las personas en la
producción de bienes de primera necesidad, relaciones
que surgen sin haberlas planeado conscientemente, "a
espaldas de los *individuos*" (*Menschen*, traducido hasta
ahora por *hombres*), distinguen a una sociedad de otra.
Es decir, en la sociedad de clases, la forma de relación
entre las personas a través de la cual la clase dominante
despoja a los explotados de su trabajo es privativa de
cada época histórica y todas las demás relaciones sociales que hay en la sociedad, comenzando por la familia
e incluyendo cualquier otra institución, reflejan esta
forma.

Para Marx la historia era un proceso de lucha de los
explotados, los cuales provocan continuamente cambios
—durante largos períodos de tiempo o en saltos revolucionarios repentinos— en las relaciones sociales básicas
de producción y en todas las instituciones que son una
expresión de estas relaciones. Así pues, la familia era la
unidad biológica básica, difiriendo en forma de una sociedad a otra, directamente relacionada con el modo de
producción de la gente. Según él, la familia —aun antes
de la sociedad de clases— tenía como pivote la subordinación de la mujer; la misma sociedad de clases era
una extensión de las relaciones entre los hombres, por
un lado, y las mujeres y los niños por otro; es decir, una

extensión del dominio del hombre sobre el trabajo de su mujer e hijos. El movimiento de mujeres ha entrado en mayor detalle respecto a la familia capitalista. Después de describir cómo se condiciona a las mujeres a estar subordinadas a los hombres, ha descrito la familia como la institución en la que se reprime a los menos desde que nacen para que acepten la disciplina de las relaciones capitalistas, que en términos marxistas comienza con la disciplina del trabajo capitalista. Otras mujeres han identificado la familia como centro de consumo, y otras aún han mostrado que las amas de casa constituyen una reserva de fuerza de trabajo oculta: las mujeres "desempleadas" *trabajan* a puerta cerrada en sus casas, y se les llama para que salgan a trabajar cuando el capital las necesita en alguna otra parte.

El artículo de Dalla Costa afirma todo lo mencionado anteriormente, pero lo coloca sobre otra base: en el capitalismo la familia es un centro de condicionamiento, de consumo y de reserva de trabajo, pero es esencialmente un centro de *producción social*. Previamente, los llamados marxistas habían dicho que la familia capitalista no producía para el capitalismo, no era parte de la producción social,[5] y de esto se desprendía que rechazaban el *poder social* potencial de las mujeres. O

---

[5] El mismo Marx no parece haber dicho en ninguna parte que lo fuera. Explicar la causa de esto requeriría más espacio del que dispongo aquí y más lectura de Marx mismo en detrimento de sus intérpretes. Baste decir que, en primer lugar, Marx es el único que ve el consumo como una fase de la producción: "Es producción y reproducción de ese medio de producción, tan indispensable para el capitalista: el trabajador mismo". (*El Capital*, vol. I, p. 481.) Segundo, sólo él nos ha dado las herramientas para hacer nuestro propio análisis. Y finalmente, nunca fue culpable de los disparates que Engels, a pesar de sus numerosas aportaciones, nos ha echado encima y que, desde los bolcheviques hasta Castro, han dado autoridad "marxista" a las políticas atrasadas y con frecuencia reaccionarias de los gobiernos revolucionarios respecto a la mujer.

más bien, partiendo del supuesto de que las mujeres en la casa no podían tener poder social, tampoco podían darse cuenta de que las mujeres en la casa producen. Si la producción de uno es vital para el capitalismo, negarse a producir, negarse a *trabajar*, es una palanca fundamental de poder social.

El análisis de Marx de la producción capitalista no era una meditación sobre cómo "funcionaba" la sociedad. Era un instrumento para encontrar la manera de derrocarla, encontrar las fuerzas sociales que, al estar explotadas por el capital, le fueran subversivas. No obstante, pudo describir las relaciones sociales repletas de subversión de clase obrera que había en el capital porque estaba buscando las fuerzas que lo derrocarían inevitablemente. Así, Mariarosa Dalla Costa fue capaz de revelar que aun cuando las mujeres no trabajan fuera de sus casas, son productoras vitales porque estaba buscando la palanca de poder social *de las mujeres* entre esas fuerzas.

La mercancía que las mujeres producen, a diferencia de todas las demás, es privativa del capitalismo: el ser humano, "el trabajador mismo".

La forma especial que tiene el capital de despojar de su trabajo al obrero es pagándole un salario que sea suficiente para vivir (más o menos) y reproducir otros obreros. Pero el obrero debe producir más en cuanto a mercancías de lo que vale su salario. El trabajo excedente no pagado es lo que le importa acumular al capitalista y lo que le da un poder creciente sobre más y más obreros: paga por parte del trabajo para quedarse el resto gratis, de tal manera que pueda disponer de más trabajo y obtenerlo aún más barato, *ad infinitum*; hasta que lo detengamos. Compra con salarios el derecho a utilizar la única "cosa" que el trabajador tiene para vender, su capacidad para trabajar, ya sea hombre o mujer. La relación social específica en que consiste el capital es pues la relación asalariada. Y esta relación asalariada puede existir únicamente cuando la capacidad para trabajar se convierte en una mercancía vendible. Marx llama *fuerza de trabajo* a esta mercancía. Es una extraña mercancía porque no es una cosa. La capacidad de trabajar reside sólo en el ser humano cuya vida se consume en el proceso de producción. Primero tiene que estar nueve meses en el útero, hay que alimentarlo, vestirlo y educarlo; después, cuando trabaja, hay que hacerle la cama, limpiarle el suelo, preparar su mochila, no satisfacer pero sí calmar su sexualidad, tenerle la comida preparada cuando llega a casa, aun cuando sean las ocho de la mañana, de regreso del turno de noche. Así es como la fuerza de trabajo se produce y reproduce cuando se consume diariamente en la fábrica o la oficina. *Describir su producción y reproducción básicas es describir el trabajo de las mujeres.*

La comunidad, por lo tanto, no es un área de libertad y ocio, auxiliar a la fábrica, cuando da la casualidad que hay mujeres que están degradadas como sirvientes personales de los hombres. La comunidad es la otra mitad de la organización capitalista, la otra zona de explotación capitalista oculta, la otra fuente oculta de trabajo excedente.[6] Está reglamentada cada vez más como

[6] He dicho antes que Dalla Costa entra en la cuestión de por qué se degrada a las mujeres "con una profundidad nunca alcanzada, que yo sepa, hasta ahora". Destacan tres intentos previos (pueden encontrarse en *From Feminism to Liberation*, citado antes). "Para una economía política de la liberación femenina", de Margaret Benston [en: *La liberación de la mujer: Año cero*, Granica editor, Buenos Aires 1972, pp. 33-46. T.], intenta responder la misma pregunta. No lo logra, a mi modo de ver, porque se basa no en Marx sino en Ernest Mandel. Incluso los párrafos de Mandel que cita Benston bastan para exponer las bases teóricas del moderno liberalismo trotskista. Aquí debemos ceñirnos a lo que dice sobre el trabajo de las mujeres en la casa, lo cual Benston acepta.

"El segundo grupo de productos en la sociedad capitalista que no son mercancías sino que siguen teniendo simple valor de uso consiste en todas las cosas producidas en la casa. A pesar de que interviene un trabajo humano considerable en

una fábrica, lo que Mariarosa llama una fábrica social, en la que el costo y la naturaleza del transporte, la vivienda, la atención médica, la educación, la policía, son este tipo de producción casera, sigue siendo todavía una producción de valores de uso y no de mercancías. Cada vez que se hace una sopa o se cose un botón en una prenda, eso constituye una producción, pero no es producción para el mercado." (Citado de *An introduction to marxist economic theory*, Merrit, Nueva York, 1967, pp. 10-11. Hasta el título delata la falsedad del contenido: no existe una "teoría económica marxista" o una "economía política marxista" ni, para el caso, una "sociología marxista". Marx negó la economía política en teoría y la clase obrera la niega en la práctica. La economía fragmenta las relaciones cualitativas entre las personas convirtiéndolas en una relación compartimentalizada y cuantificada entre cosas. Cuando, como en el capitalismo, nuestra fuerza de trabajo se convierte en una mercancía, nos convertimos en factores de la producción, objetos, sexuales y de otros tipos, que los economistas, los sociólogos y demás vampiros de la ciencia capitalista después examinan, planean e intentan controlar.)

Juliet Mitchell ("Las mujeres — La revolución más larga") cree también que aunque las mujeres "son fundamentales para la condición humana, sin embargo, en sus funciones económicas, políticas y sociales están marginadas". [*Las mujeres*, recopilación y prólogo de Margaret Randall, Siglo xxi, México, 1970, p. 99. T.] El error de su método en mi opinión consiste en que, de nuevo un intérprete de Marx, esta vez Althusser, es su guía. En este caso, la separación de roles económicos, políticos y sociales es una política consciente.

La fuerza de trabajo es una mercancía producida por las mujeres en la casa. Esta mercancía es la que convierte la *riqueza* en *capital*. La compraventa de esta mercancía convierte el mercado en mercado *capitalista*. Las mujeres no somos marginales en la casa, en la fábrica, en el hospital, en la oficina. Somos fundamentales para la reproducción de capital y fundamentales para su destrucción.

En un espléndido artículo, "El trabajo de la mujer nunca termina", Peggy Morton, de Toronto, señala que la familia es la "unidad cuya función consiste en el *mantenimiento y reproducción de fuerza de trabajo*, a saber,... la estructura de la familia está determinada por las necesidades que tiene el sistema económico, en cualquier momento dado, de un cierto tipo de fuerza de trabajo..." (p. 214.) Benston pide, siguiendo a Engels, la industrialización capitalista de las faenas caseras como "precondición" para la "verdadera igualdad en

todos puntos de lucha.[7] Y esta fábrica social tiene de
pivote a la mujer en la casa produciendo fuerza de trabajo como mercancía, *y su lucha por negarse a ello.*
Las demandas del movimiento de mujeres cobran así
un significado nuevo y más subversivo. Cuando decimos,
por ejemplo, que queremos el control de nuestros propios cuerpos, estamos desafiando la dominación del
capital que ha transformado nuestros órganos reproduc-
tivos, en la misma medida que nuestros brazos y piernas,
en instrumentos de acumulación de trabajo excedente;
ha transformado nuestras relaciones con los hombres,
con nuestros hijos, y la misma creación de ellos, en
trabajo productivo para esta acumulación.

El segundo documento, "El lugar de la mujer", publicado originalmente como folleto, proviene de Estados
Unidos. Fue escrito en 1952, en plena guerra fría, en
Los Angeles, donde la inmigración de jóvenes obreros,
oportunidades de trabajo, y la industrialización del trabajo doméstico es poco probable a menos que las mujeres abandonen
sus casas para ir a trabajar" (p. 207). Es decir, si obtenemos
empleos, el capital industrializará las áreas en las que, según
ella, sólo producimos valores de uso y no capital; esto nos conquista el derecho a ser explotadas igual que los hombres. Con
victorias como ésta, no hacen falta derrotas.
   Por otra parte, Morton no busca qué concesiones podemos
arrancarle al enemigo sino cómo destruirlo. "Olvidamos con de-
masiada frecuencia por qué estamos organizando a las mujeres;
el propósito de formar un movimiento de masas no es formar
un movimiento de masas sino hacer la revolución". Benston,
dice ella, "no proporciona ninguna base sobre la que pueda
fundamentarse una estrategia para el movimiento de mujeres".
La ausencia de este motivo de análisis en el movimiento generalmente "fomenta un verdadero liberalismo entre nosotras..."
(p. 212). Exacto.
   [7] Para los que creen que la lucha en la fábrica social no
es política, hay que destacar que ahí, más que en la fábrica,
el Estado es directamente el organizador de la vida del obrero,
especialmente si es mujer, y de este modo el obrero confronta
al Estado más directamente, sin la intervención de capitalistas
individuales y sin la mediación de los sindicatos.

hombres y mujeres, había adquirido dimensiones bíblicas.[8] Aunque el artículo lleva mi nombre, yo fui meramente un vehículo para expresar lo que las mujeres, amas de casa y obreras de fábricas, sentían y sabían después de haber emigrado del sur y el este al dorado oeste.

Ya era obvio, aun entonces, que trabajar fuera de la casa no hacía las faenas caseras más atractivas ni nos liberaba de la responsabilidad del trabajo doméstico cundo se compartía. También era obvio que la idea de pasarnos la vida empaquetando chocolates, montando transformadores o haciendo conexiones eléctricas en los televisores nos resultaba insoportable. Rechazamos las dos cosas y luchamos contra ellas. En aquella época, por ejemplo, todavía se reían de un hombre sus amigos si lo veían con un delantal y lavando platos. Nosotras cambiamos esto.

No cabe duda que el valor para luchar por estos cambios brotó directamente de aquel cheque de pago por el que tanto detestábamos trabajar. Pero, aunque detestásemos el trabajo, para la mayoría de nosotras fue la primera oportunidad de tener una experiencia social independiente fuera del aislamiento de la casa, y *parecía ser la única alternativa a este aislamiento.* Después de la entrada masiva de las mujeres en la industria durante la segunda guerra mundial, y de nuestra brutal expulsión entre 1945 y 1947, regresamos a partir de 1947, cuando nos necesitaron de nuevo, y con la guerra de Corea (1949) y esta vez en mayor número. Por todas las razones enunciadas en el folleto, queríamos dinero y no veíamos otra alternativa más que pedir empleos.

El hecho de ser inmigrantes de áreas industriales, agrícolas o mineras hacía mayor nuestra dependencia de este cheque de pago porque no teníamos nadie más a

[8] California del Sur había sido invadida por una enorme ola de inmigración durante la guerra. Entre 1940-46, la población de San Diego creció en un 61%, la de Los Angeles en un 29%. (*Business Week*, 20 de diciembre de 1947, p. 72.)

quien recurrir. Pero esto nos daba también una ventaja. En las nuevas industrias de aviación y electrónica de Los Angeles, además de ocupar los puestos estándar para mujeres, en alimentación y vestido por ejemplo —más mujeres blancas que negras: a éstas generalmente se les negaban los empleos mejor pagados (mayor subsistencia)—, nos las arreglamos para conseguir una nueva libertad de acción. Estábamos libres de padres y madres que habían quedado "atrás, en el este" o "abajo, en el sur". Los sindicatos, formados hacía años en el este tras una dura lucha, para cuando fueron importados al oeste eran simples gestores que negociaban por un aumento de 10 centavos al año, y formaban parte del aparato disciplinario con el que nos enfrentábamos en la línea de ensamble y al que pagábamos altos impuestos que se nos deducían antes de que pudiésemos ver nuestro dinero. Las demás formas tradicionales de organización "política" eran inexistentes o inoperantes y casi todas nosotras las ignorábamos. En resumen, rompimos completamente con el pasado.

La energía de las que rechazaron las antiguas formas de "protección", o nunca supieron de ellas, encontró finalmente una articulación masiva en el movimiento de las mujeres de fines de los sesentas. No obstante, 20 años antes, en la rudeza de nuestro enfrentamiento con el capital (directamente y a través de los hombres) nos estábamos abriendo camino hacia lo que se ha convertido, cada vez más, en una experiencia internacional. De esta experiencia aprendimos que: el segundo trabajo fuera de la casa es otro jefe superimpuesto al primero; el primer trabajo de la mujer es reproducir la fuerza de trabajo de otros y el segundo es reproducir *y vender* la suya propia. De tal manera que su lucha en la familia y en la fábrica, que organizan conjuntamente su trabajo, el de su marido y el futuro trabajo de sus hijos, es una sola lucha. La unión misma en una persona de los dos aspectos divididos de la producción capitalista presupone no únicamente un nuevo enfoque de esta lucha

sino una valoración enteramente nueva del peso y el
carácter crucial de las mujeres en ella.
Estos son los temas del artículo de Dalla Costa. Lo
que plantearon con su lucha las amas de casa consideradas "reaccionarias", "atrasadas" o a lo sumo "no políticas", y las obreras casadas en Estados Unidos hace
20 años, lo toma una mujer en Italia y lo utiliza como
punto de partida para hacer una redefinición de la teoría marxista y darle una nueva orientación a la lucha.
Este desarrollo teórico parangona y expresa a la vez que
es necesario para un nivel totalmente nuevo de lucha
que las mujeres están en vías de emprender internacionalmente.
Hemos recorrido un largo camino, muchacha.

No es casual que el artículo de Dalla Costa provenga
de Italia.
En primer lugar, la posición del ama de casa parece
estancada porque hay muy pocas mujeres que tengan
empleos fuera de la casa y de las vecinas que trabajan
fuera de ella se deriva muy poco poder. En este aspecto
su posición es más parecida a la de la mujer de Los Ángeles de "El lugar de la mujer" que a la de esta misma
mujer hoy en día. En Italia es imposible tener un movimiento feminista cuya base no sea la mujer en la casa.
Al mismo tiempo, el hecho de que en la actualidad
haya millones de mujeres en otras partes que trabajan
fuera de la casa y se han comprometido allí en una lucha
con nuevos objetivos pone su situación completamente
de relieve y ofrece posibilidades que la mujer de Los
Ángeles no podía vislumbrar hace 20 años: el ama de
casa en Italia o *en cualquier otra parte* puede buscar una
alternativa a la explotación directa de la fábrica y la
oficina para salir de su casa. Sola, en el gueto católico
italiano, parece estar atrapada a menos que pida que
se creen puestos de trabajo para ella. Como parte de una
lucha internacional, puede empezar a negarse —como

otras mujeres lo están haciendo— en vistas a emprender la lucha por su liberación, a pasar del subdesarrollo capitalista al desarrollo capitalista. Cundo las mujeres que reciben una paga, tanto en el mundo industrial como en el Tercer Mundo, se niegan a ser esposas en la casa o esposas en la fábrica están proponiendo una nueva alternativa para sí mismas y para las demás.

Mariarosa dice: "El capital se está apoderando del ímpetu que creó un movimiento —el rechazo de millones de mujeres de su lugar tradicional— para recomponer la fuerza de trabajo con un número creciente de mujeres. El movimiento únicamente puede desarrollarse en oposición a esto... Esta es, en definitiva, la línea divisoria entre reformismo y política revolucionaria dentro del movimiento de mujeres."

Hasta ahora, la mujer que necesitase romper con su aislamiento y encontrar su autonomía podía únicamente hallar ambas cosas en la alternativa *dentro* del plan capitalista. La lucha de las mujeres hoy está planteando como única alternativa la lucha misma y, a través de ella, la *destrucción* del proyecto capitalista. En Inglaterra, la fuerza motivadora de esta lucha es la que libran las Madres Sin Recursos para conseguir un ingreso fijo; en los Estados Unidos, es la demanda presentada por la Asociación para el Bienestar de las Madres por un salario de subsistencia y el rechazo de los empleos organizados por el Estado. La respuesta del Estado en ambos países muestra cuán peligrosas considera estas nuevas bases de lucha y cuán peligroso es para las mujeres abandonar sus casas no por otro empleo sino por la línea de piquete, por una reunión política o para romper las ventanas de la Seguridad Social o de la Oficina de Bienestar.

A través de un movimiento internacional "que es por naturaleza una lucha", el poder que se deriva de la paga de la mujer se pone a disposición de la mujer sin salario de tal manera que ésta pueda reconocer y utilizar su propio poder hasta ahora oculto.

La segunda razón de que esta orientación encuentre
eco en Italia es que, a otro nivel, la clase obrera en
este país tiene una historia única de lucha. Tiene tras
ella las tomas de fábricas a principios de los años veinte,
el haber sido derrotada por el capitalismo en su versión
fascista y la creación de una resistencia clandestina armada contra él. (Espero que ya ahora no haya necesidad de añadir que se trataba de un movimiento de hombres y mujeres, aunque vale la pena señalar que no
podemos imaginarnos cuál hubiera sido el resultado si
las mujeres hubiesen jugado no sólo un papel *mayor* sino
diferente, por ejemplo, en las tomas de fábricas.) En
los años de la posguerra se unieron a sus filas obreros
del sur de Italia para quienes, como emigrantes de un
área de subdesarrollo, la disciplina del trabajo asalariado era nueva y se rebelaban contra ella. En 1969, esta
clase obrera pudo mediante su lucha atraer hacia ella
un movimiento estudiantil masivo y crear una izquierda
extraparlamentaria que, al reflejar esta historia, es única
en Europa.

Esta izquierda extraparlamentaria no ha integrado a
las mujeres como fuerza autónoma a su perspectiva política, y está dominada por la arrogancia masculina que
el catolicismo ha fomentado. Pero se concentran en la
clase tal como la conciben, a pesar de haber roto con la
jerga de la ideología de la izquierda europea dominante
que era eurocéntrica e intelectual, y sobre todo avanzan
y emprenden *acciones ofensivas directas*.

Una de las premisas dominantes de la ideología europea con la que ha roto la izquierda italiana es la de que
la clase obrera en Estados Unidos —y no sólo el sexo
femenino— está "atrasada". Para la izquierda europea,
el movimiento negro fue un accidente histórico exótico
externo a la clase, y el nivel de vida de las capas más
poderosas de la clase era un regalo del capital, no el
fruto de una violenta y amarga lucha. Lo que no era
europeo, aun cuando fuera blanco, no era del todo
"civilizado". Este racismo data del comercio de esclavos

y ha sido alimentado por las conquistas de los estados imperiales desde 1942.

Frente a este contexto, Mariarosa Dalla Costa escogió "El lugar de la mujer" para que fuese publicado en Italia junto con su ensayo, como una expresión de la lucha revolucionaria diaria llevada a cabo hace 20 años por aquellos de los que se habían burlado tanto los intelectuales de izquierda europeos como los norteamericanos.

Dalla Costa considera que la lucha de clases en Estados Unidos es la expresión más poderosa de la clase internacionalmente; considera la clase *como* internacional: es claro que tanto el mundo industrial como el Tercer Mundo forman parte de su visión de la lucha. Tenemos pues aquí los comienzos de un nuevo análisis sobre quién es la clase obrera. Se ha supuesto que es únicamente el trabajador asalariado. Dalla Costa no está de acuerdo. La relación social del asalariado con el no asalariado —*la familia*— es parte integral de la relación social en que consiste el capital, la relación asalariada. Si las dos integran la estructura del capital, entonces *la lucha contra una de ellas es interdependiente de la lucha contra la otra.*

Un análisis de clase basado en la estructura de explotación y en el estado de antagonismo dentro de esta estructura puede valorar la lucha diaria de las mujeres, tal como continúa desarrollándose: por sus causas y efectos más que por la idea que otros tengan de cuál deba ser nuestra "conciencia política".

En Inglaterra y en Estados Unidos (y probablemente en otros países occidentales) el movimiento de mujeres ha tenido que repudiar la negativa de la izquierda blanca a tomar en consideración cualquier otra área de lucha que no fuera la fábrica en la metrópolis.

El movimiento de mujeres en Italia, mientras resuelve su propio modo de existencia autónomo frente a la izquierda y el movimiento estudiantil, está chocando[9]

---

[9] Está literalmente chocando. Mientras escribo, el movimiento femenino italiano contesta lós ataques de algunos hombres de

contra un terreno que, aparentemente, éstos habían cubierto: cómo organizar la lucha a nivel de la comunidad. Resulta que lo que ellos habían propuesto para la lucha en la comunidad era simplemente una extensión, una proyección mecánica de la lucha en la fábrica: el obrero continuaba siendo el protagonista central. Mariarosa Dalla Costa considera que la comunidad es en primer lugar y ante todo la casa y, por lo tanto, considera que la mujer es *la figura central de subversión en la comunidad*. Vistas de esta manera, las mujeres son la contradicción en todos los marcos políticos previos que se han basado en el obrero hombre en la industria.[10] Una vez considerada la comunidad como centro productivo y por lo tanto como centro de subversión, *vuelve a abrirse toda la perspectiva de lucha generalizada y de organización revolucionaria.*[11]

izquierda que comenzaron por un enfrentamiento físico este mes en Roma, cuando una sección del movimiento feminista, Lotta Femminista, llevaba a cabo un seminario en la universidad sobre puestos de trabajo de las mujeres y, naturalmente, excluyó a los hombres. Los hombres dijeron que éramos "racistas" y "fascistas" e irrumpieron en el seminario. Devolvimos golpe por golpe y no nos ganaron. De hecho, la respuesta violenta a su violencia nos unió más.

[10] Aun cuando está desempleado. En una conferencia reciente del *Claimants Union* se dieron a los miembros de uno de los grupos de izquierda las siguientes instrucciones que circularon en uno de los documentos internos del grupo.

"(Nuestro) trabajo en el *Claimants Union* debe consistir en alejar a la *C.U.* de la madre sin recursos, los enfermos, viejos, etc., y dirigirla a los trabajadores desempleados."

Cuando unas mujeres de la *C.U.* descubrieron el documento y lo reprodujeron en beneficio de la conferencia, hubo un alboroto.

Este desprecio por los sectores de la clase que son menos poderosos tiene terribles implicaciones.

Si el hombre obrero es el único sujeto de un marco político, una vez las mujeres afirman su papel central en la lucha, este marco político tradicional ha de destrozarse.

[11] Esta es una cuestión urgente y práctica no sólo para los *Claimants Unions* (ver nota al calce 10). La rama armada del movimiento irlandés ha sido lo bastante masculina en su rela-

Los tipos de acción y organización que, con la herencia de lucha de la clase obrera en Italia, puedan surgir de un movimiento de clase y casta —esta vez, finalmente, de mujeres— en el país que es centro de la iglesia católica, están destinados a ampliar las posibilidades de nuestra propia lucha en cualquier país en que exista este movimiento internacional.

El poder a las hermanas y, por tanto, a la clase.

Padua, 27 de julio de 1972.

ción con las mujeres y niños como para satisfacerse conteniendo su participación en la lucha. Si el fruto es amargo, se culpará a las mujeres.

LAS MUJERES Y LA SUBVERSIÓN DE LA COMUNIDAD

MARIAROSA DALLA COSTA

Estas observaciones son un intento por definir y analizar la "cuestión de la mujer", y situarla en el "papel femenino" general tal como ha sido creado por la división capitalista del trabajo.

Consideramos ante todo en estas páginas que el "ama de casa" es la figura central de este papel femenino. Partimos del supuesto de que todas las mujeres son amas de casa; incluso las que trabajan fuera de la casa continúan siéndolo. Es decir, a nivel mundial, es precisamente el carácter específico del trabajo doméstico —no sólo medido en número de horas y naturaleza del trabajo, sino como calidad de vida y calidad de las relaciones que genera— el que determina el lugar de una mujer dondequiera que esté y cualquiera que sea la clase a que pertenezca. Nos concentraremos en la posición de la mujer de clase obrera, pero esto no implica que ella sea la única explotada. Es más bien para confirmar que el papel del ama de casa de clase obrera, el cual creemos que ha sido indispensable para la producción capitalista, es *el* determinante para la posición de todas las demás mujeres. Todo análisis de las mujeres como una casta debe partir del análisis de la posición de las amas de casa de clase obrera.

Con el fin de considerar al ama de casa como central, fue necesario en primer lugar analizar brevemente cómo ha creado el capitalismo la familia moderna y el papel del ama de casa en ella, destruyendo los tipos de grupos familiares o comunidades que existían previamente. Este proceso de ningún modo ha terminado. En tanto que nos referimos al mundo occidental y particularmente a Italia, queremos poner en claro que en la medida en que el modo de producción capitalista arrastra también al Tercer Mundo bajo su mando, el mismo proceso de destrucción debe estar y está teniendo lugar allí. Tampoco debemos dar por supuesto que la familia tal como la conocemos en la actualidad en los países occidentales técnicamente más avanzados sea la forma definitiva que ésta puede adoptar en el capitalismo. Pero el análisis de nuevas tendencias únicamente puede ser el producto de un análisis sobre cómo el capitalismo creó esta familia y cuál es el papel de la mujer hoy, ambos como momentos de un proceso.

Tenemos la intención de completar estas observaciones sobre el papel de la mujer analizando también la posición de la mujer que trabaja fuera de la casa, pero esto lo haremos en fecha posterior. Aquí queremos meramente indicar el vínculo entre dos experiencias aparentemente distintas: la del ama de casa y la de la mujer obrera.

Las luchas que día a día han llevado a cabo las mujeres desde la segunda guerra mundial van directamente en contra de la organización de la fábrica y de la casa. La "desconfiabilidad" de las mujeres, de la que se quejan los patrones, ha aumentado rápidamente. La tendencia a un ausentismo mayor, a un menor respeto por los horarios, a una movilidad más alta en los empleos es compartida por obreros y obreras jóvenes. Pero mientras el hombre, durante períodos cruciales de su juventud, será el único soporte de una nueva familia, las mujeres que en general no tienen este tipo de restricción, que deben siempre tomar en consideración el trabajo en la casa y que en cualquier caso siempre están con un pie fuera de la "sociedad", están fatalmente más desligadas todavía de la disciplina del trabajo, fuerzan la ruptura del flujo productivo y, por lo tanto, mayores costos para el capital. (Esta es una excusa para los salarios discriminatorios que muchas veces subsanan con exceso las pérdidas del capital.) Cuando grupos de amas de casa dejan a sus hijos con sus maridos en el trabajo, experimentamos esta misma tendencia de desvinculación;[1] esta tendencia es, y lo será cada vez más, una de las formas decisivas de la crisis en los sistemas de la fábrica y de la fábrica social.

En los últimos años, especialmente en los países capitalistas avanzados, se ha desarrollado una serie de movimientos de mujeres de orientación y alcance diferentes: desde los que creen que el conflicto fundamental en la sociedad es entre hombres y mujeres hasta los que se centran en la posición de las mujeres como una manifestación específica de la explotación de clase.

Si, a primera vista, la posición y actitudes de los primeros son sorprendentes, especialmente para las mujeres que han tenido experiencia previa de militancia en luchas políticas, creemos que vale la pena señalar que aquellas mujeres para quienes la explotación sexual es la contradicción social básica ofrecen un índice sumamente importante de nuestro grado de frustración, experimentada por millones de mujeres tanto dentro como fuera del movimiento. Las hay que definen su lesbianismo en estos términos (nos referimos en particular a las opiniones expresadas por un sector del movimiento en los Estados Unidos): "Nuestra asociación con las mujeres empezó cuando, al estar juntas, pudimos darnos cuenta de que ya no podíamos tolerar por más tiempo las relaciones con los hombres, no podíamos impedir que se convirtieran en relaciones de poder en las que éramos inevitablemente subyugadas. Nuestra atención y energías se dispersaban, nuestro poder era difuso y sus objetivos estaban delimitados". A partir de este rechazo se ha desarrollado un movimiento de mujeres homosexuales que defiende la posibilidad de una relación libre de la lucha de poder sexual, libre de la unidad social biológica, y afirma al mismo tiempo la necesidad de abrirnos a un potencial social, y por lo tanto sexual, más amplio.

[1] Esto sucedió en Estados Unidos como parte de una manifestación masiva de mujeres el Día Internacional de la Mujer en agosto de 1970.

Ahora, para entender las frustraciones de las mujeres expresadas cada vez de más maneras, debemos tener claro qué es lo que hay en la naturaleza de la familia en el capitalismo para precipitar una crisis a esta escala. Después de todo, la opresión de las mujeres no empezó con el capitalismo. Lo que empezó con el capitalismo fue una explotación más intensa de las mujeres *en tanto tales* y la posibilidad, por fin, de su liberación.

LOS ORÍGENES DE LA FAMILIA CAPITALISTA

En la sociedad precapitalista patriarcal, *la casa y la familia* eran centrales para la producción agrícola y artesanal. Con el advenimiento del capitalismo, la socialización de la producción se organizó con *la fábrica* como centro. Los que trabajaban en los nuevos centros productivos recibían un salario. Los que eran excluidos, no. Las mujeres, los niños y los ancianos perdieron el poder relativo que se derivaba de que la familia dependiera del trabajo de ellos, *el cual se consideraba social y necesario.* El capital, al destruir la familia, la comunidad y la producción como un todo, ha concentrado, por un lado, la producción social básica en la fábrica y la oficina, y, por otro, ha separado al hombre de la familia y lo ha convertido en un *trabajador asalariado.* Ha descargado en las espaldas de los hombres el peso de la responsabilidad económica de mujeres, niños, ancianos y enfermos: en una palabra, de todos los que no perciben salarios. A partir de este momento comenzó a expulsarse de la casa a todos los que no *procreaban ni atendían a los que trabajaban por un salario.* Los primeros en ser excluidos de la casa, después de los hombres, fueron los niños: se les mandó a la escuela. La familia dejó de ser no sólo el centro productivo sino también el centro educativo.[2]

[2] Esto implica reconocer todo un nuevo significado a la

En la medida en que los hombres han sido las cabezas despóticas de la familia patriarcal, basada en una estricta división del trabajo, la experiencia de las mujeres, los niños y los hombres fue una experiencia contradictoria que nosotros heredamos. Pero, en la sociedad precapitalista, el trabajo de cada uno de los miembros de la comunidad de siervos se consideraba dirigido a un objetivo: o bien la prosperidad del señor feudal o nuestra supervivencia. En esta medida, toda la comunidad de siervos se veía forzada a cooperar en una unidad de los no libres la cual involucraba en el mismo grado a mujeres, niños y hombres y que el capitalismo tuvo que romper.[3] En este sentido, el *individuo no libre*, la *democracia de la sujeción*[4], entró en crisis. El paso de la esclavitud a la fuerza de trabajo libre separó al hombre proletario de la mujer proletaria, y a ambos de sus hijos. El patriarca no libre se transformó en el asalariado "libre", y sobre la experiencia contradictoria de los sexos y las generaciones se alzó un extrañamiento más profundo pero también, por lo tanto, una relación más subversiva.

Tenemos que acentuar que esta separación de niños

"educación", y el trabajo que se está llevando a cabo ahora sobre la historia de la educación obligatoria —aprendizaje forzoso— lo prueba. En Inglaterra, se concebía a los maestros como una "policía moral" que podía: 1) condicionar a los niños en contra del "crimen" —contener la reapropiación de la clase obrera en la comunidad; 2) destruir a "la chusma", organización de clase obrera basada en una familia que era todavía una unidad productiva o, por lo menos, una unidad de organización viable; 3) hacer de la asistencia regular y habitual y de la puntualidad algo tan necesario para los futuros puestos de trabajo de los niños, y 4) estratificar la clase mediante la clasificación y la selección. Al igual que con la familia, la transición de esta nueva forma de control social no fue fácil y directa sino el resultado de fuerzas contradictorias tanto de la clase como del capital, lo mismo que en cualquier fase de la historia del capitalismo.

[3] El trabajo asalariado se basa en la subordinación de todas las relaciones a la relación de salario. El obrero debe contratar como "individuo" con el capital, despojado de la protección de sus parientes.

[4] Karl Marx, *Crítica de la Filosofía del Estado de Hegel.*

y adultos es esencial para comprender el pleno significado de la separación de mujeres y hombres, para captar
plenamente cómo la organización de la lucha por parte
del movimiento de las mujeres, aun cuando adopta la
forma de un rechazo violento de cualquier posibilidad
de relación con los hombres, puede únicamente estar
dirigida a superar esta separación basada en la "libertad"
del trabajo asalariado.

La lucha de clases en la educación

El análisis de la escuela que ha surgido en los últimos
años —especialmente con la aparición del movimiento
estudiantil— ha identificado claramente a la escuela
como un centro de disciplina ideológica y de formación
de la fuerza de trabajo y de sus amos. Lo que quizás
no se ha dicho, o al menos con suficiente profundidad,
es precisamente lo que precede a todo esto; es decir, la
desesperación habitual de los niños el primer día de escuela maternal cuando ven que los dejan metidos en
una clase y sus padres de repente los abandonan. *Pero
precisamente en ese momento empieza toda la historia
de la escuela.*[5]
Vistos de esta manera, los niños de escuela primaria
no son esos apéndices que nada más por las demandas
de "desayunos gratuitos, transporte gratuito y libros gratuitos" —todo esto aprendido de los mayores— pueden de

---

[5] No tratamos aquí de la estrechez de la familia nuclear que
impide que los niños tengan una transición fácil hacia la formación de relaciones con otras personas; tampoco de lo que se
desprende de esto: el argumento esgrimido por los psicólogos de
que un condicionamiento adecuado hubiese podido evitar esta
crisis. Tratamos de la organización total de la sociedad en la
que la familia, la escuela y la fábrica son, cada una de ellas, un
compartimento tipo gueto. Tanto es así, que el paso de uno a
otro de estos compartimentos es doloroso. Este dolor no puede
eliminarse remendando las relaciones entre un gueto y otro
sino únicamente destruyendo cada uno de ellos.

alguna manera estar unidos con los alumnos de escuelas secundarias.[6] En los niños de escuela primaria, los que son hijos e hijas de obreros, hay siempre una conciencia de que la escuela, de algún modo, los está poniendo en contra de sus padres *y de sus iguales* y, en consecuencia, hay una resistencia instintiva a estudiar y a ser "educado". Esta resistencia es la razón de que en Inglaterra se haya confinado a los niños negros en escuelas de educación subnormal.[7] El niño europeo de clase obrera, al igual que el niño negro de clase obrera, ve en el maestro a alguien que le está enseñando algo contra su madre y su padre, no como una defensa para el niño, sino como un ataque a la clase a que pertenece. El capitalismo es el primer sistema productivo en el que los niños de los explotados son disciplinados y educados en instituciones organizadas y controladas por la clase gobernante.[8]

[6] "Transporte gratuito, desayunos gratuitos, libros gratuitos" fue uno de los lemas de una sección del movimiento estudiantil en Italia que pretendía conectar la lucha de los estudiantes más jóvenes con los obreros y los universitarios.

[7] En Inglaterra y Estados Unidos, los psicólogos Eysenck y Jensen, quienes están convencidos "científicamente" de que los negros tienen una "inteligencia" inferior a los blancos y educadores progresistas como Iván Illich aparecen como si sus posiciones fueran diametralmente opuestas. Los une lo que pretenden lograr. Los divide el método. En cualquier caso, los psicólogos no son más racistas que los demás, sino sólo más directos. La "inteligencia" es la capacidad de reconocer que el argumento del adversario es el correcto y formar la lógica propia con base en esto. Allí en donde toda la sociedad opera institucionalmente a partir del supuesto de la superioridad racial blanca, estos psicólogos proponen un "condicionamiento" más completo y total, de manera que los niños que no aprenden a leer, no aprendan en vez de esto a hacer cocteles molotov. Un punto de vista sensato con el que Iván Illich, a quien le preocupa el "subaprovechamiento" de los niños (es decir, que rechacen la "inteligencia"), estaría de acuerdo.

[8] A pesar del hecho de que el capital dirige las escuelas, el control no se concede nunca de una vez por todas. La clase obrera se enfrenta continua y crecientemente al contenido de la

La prueba definitiva de que esta indoctrinación ajena, que comienza en la escuela maternal, está basada en la separación de la familia es que aquellos niños de clase obrera que llegan a la universidad (los pocos que llegan) tienen tan lavado el cerebro que son incapaces de hablar ya con su comunidad. Los niños de clase obrera son pues los primeros que instintivamente se rebelan contra las escuelas y la edu-

escolarización capitalista y no admite sus costos. La respuesta del sistema capitalista consiste en restablecer el control que tiende a reglamentar cada vez más en términos tipo fábrica.

Sin embargo, la nueva política educativa que se nos está machacando —aun mientras escribimos esto— es más compleja que todo eso. Aquí, únicamente podemos dejar indicado el impulso de esta nueva política:

a) Los jóvenes de clase obrera no admiten que la educación les prepare sólo para una fábrica, aun cuando sea para llevar cuellos blancos y usar máquinas de escribir y tableros de dibujo en vez de máquinas remachadoras.

b) Los jóvenes de clase media rechazan el papel de mediadores entre las clases y la personalidad reprimida que este papel de mediación requiere.

c) Se pide fuerza de trabajo nueva, más salarios y diferenciación de status. La actual tendencia igualitaria debe revertirse.

d) Debe crearse un nuevo tipo de proceso laboral que intente interesar al obrero en la "participación" para que no rechace la monotonía y fragmentación de la actual línea de ensamble.

Si los jóvenes se niegan a aceptar el tradicional "camino al éxito", e incluso el "éxito", han de encontrar nuevas metas a las que puedan aspirar, es decir, por las que vayan a la escuela y al trabajo. Diariamente surgen nuevos "experimentos" de educación "libre" en los que se alienta a los niños a participar en la planeación de su educación y existe una mayor democracia entre maestros y alumnos. Es tan ilusorio creer que esto es una derrota del capital como creer que la regimentación será una victoria. En la creación de una fuerza de trabajo manipulada más creativamente, el capital no perderá en el proceso ni un 0.1% del beneficio. "De hecho", dicen en realidad, "puedes resultarnos mucho más eficiente si tomas tu propio camino, siempre que pase por nuestro territorio." En algunos lugares de la fábrica y en la fábrica social, el eslogan del capital es cada vez más semejante al siguiente: "Libertad y fraternidad para garantizar la igualdad e incluso extenderla".

cación que en ellas se proporciona. Sus padres los en-
cierran en las escuelas porque les preocupa que sus
hijos "tengan una educación", es decir, que estén equi-
pados para escapar de la línea de ensamble o de la
cocina en las que ellos, sus padres, están aprisionados.
Si un niño de clase obrera muestra dotes especiales, toda
la familia se concentra inmediatamente en él, le da las
mejores condiciones, sacrificando con frecuencia a los
demás, con la esperanza de que los sacará a todos de la
clase obrera. Esto se convierte, en efecto, en la forma en
que funciona el capital a través de las aspiraciones de los
padres para incorporar su ayuda al disciplinamiento de la
fuerza de trabajo nueva.

En Italia, los padres cada vez tienen menos éxito en
mandar a sus hijos a la escuela. La resistencia de los
niños a la escuela va en aumento, aun cuando no está
todavía organizada.

Al mismo tiempo que crece esta resistencia de los
niños a ser educados en escuelas, también aumenta *su
rechazo a aceptar la definición* que ha dado el capital
de su *edad*. Los niños quieren todo lo que ven; no en-
tienden que para tener cosas se haya de pagar por ellas
y que para pagarlas se deba tener un salario y, por lo
tanto, se tenga que ser adulto. No es extraño que resulte
difícil explicar a los niños que no pueden tener lo que
la televisión le ha dicho que es imprescindible.

Pero algo está sucediendo con la nueva generación de
niños y con la juventud que está haciendo constantemente más difícil explicarles cuál es el momento arbi-
trario en que se llega a la edad adulta. Lo que sucede
es más bien que la generación joven nos está demostrando su edad: en los sesenta, los niños de seis años ya se
sublevaron contra los perros de la policía en el sur de
los Estados Unidos. Encontramos el mismo fenómeno
hoy en Italia y en Irlanda del Norte donde los niños
han sido tan activos en la rebelión como los adultos.
Cuando se reconozca a los niños (y a las mujeres) como
parte integrante de la historia, aparecerán sin duda otros

ejemplos de participación de menores (y de mujeres) en luchas revolucionarias. Lo nuevo es la autonomía de su participación *a pesar y en razón de* su exclusión de la producción directa. En las fábricas, la juventud rechaza el liderazgo de los obreros mayores, y en las revueltas en las ciudades es la punta de diamante. En las metrópolis las generaciones de la familia nuclear han producido movimientos de jóvenes y estudiantes que han iniciado el proceso de sacudimiento del marco de poder constituido; en el Tercer Mundo, los jóvenes sin empleo salen frecuentemente a la calle antes de que la clase obrera se organice en sindicatos.

Vale la pena hacer constar lo que dijo *The Times* de Londres (1 de junio de 1971) refiriéndose a una reunión de maestros convocada porque uno de ellos había sido amonestado por golpear a un alumno: "Elementos perturbadores e irresponsables acechan por todos los rincones con la intención aparentemente planeada de erosionar todas las fuerzas de autoridad". Esto "es una conspiración para destruir los valores en que se basa nuestra civilización y de los cuales nuestras escuelas son uno de los mejores bastiones".

LA EXPLOTACIÓN DE LOS NO ASALARIADOS

Hemos querido hacer estos comentarios sobre la actitud de rebelión que se está extendiendo constantemente entre los niños y la juventud, especialmente en los de clase obrera y particularmente entre los negros, porque creemos que está íntimamente vinculada con la explosión del movimiento de mujeres y es algo que este movimiento debe tomar en cuenta. Nos ocupamos aquí de la revuelta de los que han sido excluidos, de los que han sido apartados por el sistema de producción, y que expresan con acciones su necesidad de destruir las fuerzas que obstaculizan el camino de su existencia social, pero que esta vez se están juntando como individuos.

Las mujeres y los niños han sido excluidos. La revuelta de unos contra la explotación a través de la exclusión es un índice de la rebelión de los otros. En la medida en que el capital ha reclutado al hombre y lo ha convertido en un trabajador asalariado, ha creado una brecha entre él y todos los demás proletarios sin salario a quienes, al no participar directamente en la producción social, se suponía por lo tanto incapaces de ser los sujetos de una revuelta social.

Desde Marx, ha sido claro que el capital domina y se desarrolla a través del salario, esto es, que el fundamento de la sociedad capitalista era el trabajador asalariado y, hombre o mujer, la explotación directa de éste. Lo que no ha estado claro, ni lo han supuesto las organizaciones del movimiento de clase obrera, es que precisamente a través del salario se ha organizado la explotación del trabajador no asalariado. Esta explotación ha sido aún más efectiva porque la falta de un salario la ocultaba. Es decir, el salario controlaba una cantidad de trabajo mayor que la que aparecía en el convenio de la fábrica. *En lo que respecta a las mujeres, su trabajo parece un servicio personal fuera del capital.* La mujer parecía sufrir únicamente el chauvinismo masculino y era mal tratada porque el capitalismo significaba "injusticia" general y "conductas malas e irrazonables"; los pocos (hombres) que lo advirtieron nos convencieron de que esto era "opresión" pero no explotación. Pero la "opresión" ocultaba otro aspecto más penetrante de la sociedad capitalista. El capital excluyó a los niños y los mandó a la escuela no sólo porque obstaculizaban el trabajo más "productivo" de otros o para indoctrinarlos. El dominio del capital a través del salario obliga a toda persona físicamente capaz a funcionar bajo la ley de la división del trabajo, y a funcionar en formas que, si no inmediatamente, son en definitiva provechosas para la expansión y extensión del dominio del capital. Este es, fundamentalmente, el significado de la escuela. *En lo que respecta a los niños, su trabajo parece consistir en aprender para su propio bien.* Los niños proletarios han sido forzados a pasar por la misma educación en las escuelas: esta es la igualdad capitalista frente a las infinitas posibilidades de la enseñanza. La mujer, por otro lado, ha sido aislada en la casa, forzada a llevar a cabo trabajo que se considera no calificado: el trabajo de dar a luz, criar, disciplinar, y servir al obrero para la producción. Su papel en el ciclo de la producción social ha permanecido invisible porque sólo el producto de su trabajo, *el trabajador,* era visible. Con lo cual quedó atrapada dentro de las condiciones precapitalistas de trabajo y nunca se le pagó un salario.

Y cuando decimos "condiciones precapitalistas de trabajo" no nos referimos únicamente a las mujeres que usan escobas para barrer. Ni siquiera las cocinas norteamericanas mejor equipadas reflejan el nivel actual de desarrollo tecnológico; reflejan, a lo sumo, la tecnología del siglo xix. Cuando no se cobra por hora, dentro de ciertos límites, a nadie le importa el tiempo que alguien se tarde en hacer el trabajo.

Esta no es sólo una diferencia *cuantitativa* sino *cualitativa* respecto a cualquier otro trabajo y emana precisamente de la clase de mercancía que este trabajo está destinado a producir. Generalmente, dentro del sistema capitalista, la productividad del trabajo no aumenta a menos que haya una confrontación entre el capital y la clase: las innovaciones tecnológicas y la cooperación son al mismo tiempo momentos de ataque para la clase obrera y momentos de respuesta capitalista. Pero si esto es cierto de la producción de mercancías en general, no lo ha sido de la producción de esta clase especial de mercancía: la fuerza de trabajo. Si la innovación tecnológica puede reducir el límite de trabajo necesario, y si la lucha de la clase obrera en la industria puede utilizar esta innovación para ganar horas libres, no puede decirse lo mismo del trabajo doméstico; en la medida en que la mujer debe procrear, criar y responsabilizarse de los niños *en aislamiento*, la alta mecanización de las labores domésticas no le deja más tiempo libre. La mujer está siempre en servicio porque no existe la máquina que haga niños y se preocupe de ellos.[9] La mayor productividad del trabajo doméstico mediante la mecanización únicamente puede relacionarse con servicios específicos como, por ejemplo, lavar y limpiar. La jornada de trabajo de la mujer es interminable no porque carezca de máquinas sino porque está aislada.[10]

Confirmación del mito de la incapacidad femenina

Con la llegada del modo de producción capitalista, la mujer fue relegada a esta condición de aislamiento, encerrada en la célula familiar y dependiente en todos los aspectos del hombre. Le fue negada la nueva autonomía

[9] No ignoramos en absoluto los intentos que se llevan a cabo en la actualidad para hacer niños de laboratorio. Pero estos mecanismos ahora pertenecen completamente a la ciencia y al control capitalistas. Se utilizarían completamente en contra de nosotras y de la clase. No nos interesa abdicar de la procreación para ponerla en manos del enemigo. Nos interesa conquistar la libertad para procrear por la que no pagaremos ni el precio del salario ni el precio de la exclusión social.

[10] En la medida en que ninguna innovación tecnológica puede educar niños sino solamente el "cuidado humano", la liberación efectiva del *tiempo dedicado al trabajo doméstico*, el *cambio cualitativo del trabajo doméstico*, sólo puede provenir de un movimiento de las mujeres, de una lucha de las mujeres: cuanto más crezca el movimiento, menos podrán contar los hombres —y en primer lugar los militantes políticos— en que las mujeres cuiden a los niños. Al mismo tiempo, la nueva atmósfera social que crea el movimiento ofrece a los niños un espacio, con hombres y mujeres, que no tiene nada que ver con las guarderías organizadas por el Estado. Estas son ya victorias de la lucha. Precisamente porque son los *resultados* de un movimiento que es por naturaleza una lucha, no pretenden *sustituir* la lucha por cualquier tipo de cooperación.

del esclavo asalariado libre y permaneció en una etapa precapitalista de dependencia personal, esta vez más brutalizada en contraposición con la producción altamente socializada y a gran escala que ahora prevalece. La aparente incapacidad de la mujer para hacer ciertas cosas, para entender ciertas cosas, está originada en su historia, muy similar en ciertos aspectos a la de los niños "atrasados" de escuelas especiales ESN (Educationally Sub-Normal). En la medida en que se separó a las mujeres de la producción socializada directa y se les aisló en la casa, se les negó toda posibilidad de vida social fuera del vecindario, y de ahí que se les privase de conocimiento social y de educación social. Cuando se priva a las mujeres de la amplia experiencia de organizar y planear colectivamente luchas industriales y de masas, se les niega otra fuente básica de educación: la experiencia de la rebelión social. Y esta experiencia consiste primordialmente en aprender las capacidades propias de cada uno, es decir, su poder, y las capacidades, el poder, de la clase a que se pertenezca. Por lo tanto, el aislamiento que las mujeres han sufrido ha confirmado a la sociedad y a ellas mismas el mito de la incapacidad femenina.

Este mito es lo que ha ocultado, en primer lugar, que en la medida en que la clase obrera ha sido capaz de organizar luchas de masas en la comunidad (generalmente negarse a pagar alquileres, y luchas contra la inflación) la base ha sido siempre la organización informal ininterrumpida de las mujeres en la comunidad; en segundo lugar, que en las luchas en el ciclo de producción directa, el apoyo y la organización de las mujeres, formal e informal, han sido decisivos. Esta red de trabajo ininterrumpido de las mujeres sale a la superficie en momentos críticos y se desarrolla por medio de los talentos, las energías y el valor de la "mujer incapaz". Pero el mito sigue en pie. Cuando las mujeres podían, junto con los hombres, reclamar la victoria —de sobrevivir (en el desempleo) o de sobrevivir y vencer (en las huelgas)—, los beneficios de la victoria pertenecían a la clase "en general". Pocas veces, si es que alguna vez, las mujeres han obtenido algo específicamente por ellas mismas; pocas veces, si es que alguna vez, la lucha tiene como objetivo alterar de algún modo la estructura de poder de la casa y su relación con la fábrica. En la huelga o en el desempleo, el trabajo de la mujer nunca termina.

La función capitalista del útero

Nunca tanto como con la llegada del capitalismo ha significado la destrucción de la mujer como persona también la disminución inmediata de su *integridad física*. La sexualidad femenina y masculina había pasado ya antes del capitalismo por una serie de regímenes y formas de condicionamiento. Pero había también eficientes métodos de control de la natalidad que, inexplicablemente, han desaparecido. El capital estableció la familia como familia nuclear y subordinó, dentro de ella, la mujer al hombre, en tanto persona que, al no participar directamente en la producción social, no se presenta independiente en el mercado de trabajo. A medida que esto corta todas sus posibilidades de creatividad y desarrollo de su actividad laboral, corta también la expresión de su autonomía sexual, psicológica y emocional.

Repetimos: nunca había tenido lugar una atrofia tal de la integridad física de la mujer, atrofia que le afecta en todo, desde el cerebro hasta el útero. Participar con otras personas en la producción de un tren, un coche o un avión no es lo mismo que usar aisladamente la misma escoba en los mismos pocos metros cuadrados de cocina durante siglos.

Esto no es un llamamiento a la igualdad de hombres y mujeres en la construcción de aviones, se trata meramente de reconocer que la diferencia entre las dos historias no sólo determina las diferencias en las verdaderas formas de lucha sino que saca finalmente a relucir lo que ha sido invisible durante tanto tiempo: las diferentes formas que han adoptado las luchas de las mujeres en el pasado. De la misma manera que se despoja a las mujeres de la posibilidad de desarrollar su capacidad creadora se las despoja también de su vida sexual, transformándola en una función para reproducir fuerza de trabajo: las mismas observaciones que hemos hecho acerca del nivel tecnológico de los servicios domésticos se aplican al control de la natalidad (y, a propósito, a todo el campo de la ginecología), investigación que, hasta muy recientemente, ha sido siempre dejada de lado, mientras que se forzaba a las mujeres a tener hijos y se les negaba el derecho a abortar cuando, como era de esperarse, las técnicas más primitivas de anticoncepción fallaban.

A partir de esta disminución completa de la mujer, el capital ha creado el papel femenino y ha hecho del hombre de la familia el instrumento de esta reducción. El hombre, como trabajador asalariado y cabeza de familia, fue el instrumento específico de esta explotación específica que es la de las mujeres.

La homosexualidad de la división del trabajo

Podemos explicar, así, en qué medida las relaciones degradadas entre hombres y mujeres están determinadas por la fractura que la sociedad ha impuesto entre hombre y mujer al subordinar a la mujer como objeto, al hacerla "complemento" del hombre. Y en este sentido podemos apreciar la validez de esta explosión de tendencias dentro del movimiento femenino en el que las mujeres quieren dirigir la lucha contra los hombres en tanto tales[11] y ya no quieren gastar sus energías en mantener relaciones igualitarias con ellos ya que cada una de estas

---

[11] Es imposible decir por cuánto tiempo continuarán estas tendencias haciendo avanzar al movimiento y cuándo se convertirán en lo opuesto.

relaciones es siempre motivo de frustración. Una relación de poder cierra toda posibilidad de afecto e intimidad. Aun así, entre hombres y mujeres el poder *exige* por derecho propio afecto sexual e intimidad. En este sentido, el movimiento homosexual es el intento más masivo por desvincular sexualidad y poder.

Pero, generalmente, la homosexualidad está al mismo tiempo arraigada en el marco de la sociedad capitalista: las mujeres en la casa y los hombres en las fábricas y oficinas, separados todo el día unos de otros, o una fábrica típica de 1 000 mujeres con 10 capataces, o un equipo de mecanógrafas (mujeres, por supuesto) que trabaja para 50 profesionales hombres. Todas estas situaciones son ya un marco homosexual de vida.

El capital, que eleva la heterosexualidad al rango de religión, hace al mismo tiempo imposible en la práctica que los hombres y las mujeres estén en contacto unos con otros, física o emocionalmente. Socava la heterosexualidad excepto como disciplina sexual, económica y social.

Creemos que ésta es una realidad por la que debemos comenzar. La explosión de las tendencias homosexuales ha sido importante para el movimiento, y continúa siéndolo, precisamente porque plantea la urgencia de reivindicar el carácter específico de la lucha de las mujeres y, sobre todo, de aclarar, en toda su profundidad, todas las facetas y conexiones de la explotación de las mujeres.

LA PLUSVALÍA Y LA FÁBRICA SOCIAL

Al llegar a este punto, quisiéramos aclarar las bases de un cierto punto de vista que el marxismo ortodoxo, especialmente en la ideología y en la práctica de los partidos denominados marxistas, ha dado siempre por supuesto. Consiste en lo siguiente: cuando las mujeres permanecen fuera de la producción social, es decir, fuera del ciclo productivo organizado socialmente, están también fuera de la productividad social. En otras palabras, se ha considerado siempre el papel de la mujer como el de una persona psicológicamente subordinada que, excepto cuando está marginalmente empleada fuera de la casa, está fuera de la producción; es esencialmente la proveedora de una serie de valores de uso en la casa. Este fue básicamente el punto de vista de Marx quien, al observar lo que sucedía a las mujeres que trabajaban en las fábricas, sacó la conclusión de que hubiera sido mejor para ellas quedarse en la casa donde había una forma de vida moralmente superior. Pero la verdadera naturaleza del papel del ama de casa nunca aparece claramente en Marx. Sin embargo, algunos observadores han notado que las mujeres de Lancashire, pizcadoras de algodón durante un siglo, son más libres sexualmente y los hombres les ayudan más en las tareas domésticas. Por otra parte, en los distritos de minas de carbón de Yorkshire, donde un bajo porcentaje de mujeres trabaja fuera de la casa, están más dominadas por la figura del marido. Incluso los que han sido capaces de definir la explotación de las mujeres en la producción socializada no han podido seguir adelante y comprender la posición explotada de las mujeres en la casa; los hombres están demasiado comprometidos en sus relaciones con las mujeres. Por eso únicamente las mujeres pueden definirse a sí mismas y hacer progresar la cuestión de la mujer. Tenemos que dejar claro que, ahí donde rige el salario, el trabajo doméstico no sólo produce valores de uso sino que es una función esencial en la producción de plusvalía.[12] Esto se aplica al papel entero de la mujer como personalidad subordinada a todos los niveles: físi-

[12] A algunos de los primeros lectores de este texto en inglés les ha parecido que esta definición del trabajo de las mujeres debería ser más precisa. Lo que queremos decir precisamente es que el trabajo doméstico como trabajo es *productivo* en el sentido marxista, es decir, produce plusvalía.
Inmediatamente después hablamos de la productividad de

co, psicológico y ocupacional, que ha tenido y sigue teniendo un lugar preciso y vital en la división capitalista del trabajo, *en la búsqueda de productividad al nivel social.* Vamos a examinar más específicamente el papel de las mujeres como fuente de productividad social, esto es, de producción de plusvalía. Antes que nada, dentro de la familia.

A. La productividad de la esclavitud asalariada sobre la base de la esclavitud no asalariada

Se afirma con frecuencia, dentro de la definición del trabajo asalariado, que las mujeres que hacen trabajo doméstico no son productivas. De hecho, lo cierto es precisamente lo contrario si se piensa en la enorme cantidad de servicios sociales que la organización capitalista transforma en actividad privatizada descargándolos en las espaldas de las amas de casa. El trabajo doméstico no es esencialmente "trabajo femenino"; no es que la mujer trabaje menos o se canse menos que un hombre al lavar y limpiar. Estos son servicios sociales en tanto sirven a la reproducción de las fuerzas de trabajo. El capital, precisamente al instaurar su estructura familiar, ha "liberado" al hombre de estas funciones de tal modo que quede completamente "libre" para la explotación directa; queda libre para "ganar" lo suficiente para que una mujer lo reproduzca como fuerza de trabajo.[13] Así pues, ha hecho de los hombres esclavos asalariados en la

todo el papel femenino. Para aclarar la productividad de las mujeres tanto en lo que se relaciona con su trabajo como en lo que se relaciona con su papel, estamos trabajando en un texto de próxima aparición. En él se explica el lugar de la mujer más articuladamente, desde el punto de vista de todo el circuito capitalista.

[13] Ver Introducción, p. 9. La fuerza de trabajo "es una extraña mercancía porque no es una cosa. La capacidad de trabajar reside sólo en el ser humano cuya vida se consume en el proceso de producción... *Describir su producción y reproducción básicas es describir el trabajo de las mujeres".*

medida en que ha conseguido asignar estos servicios a las mujeres en la familia y, mediante el mismo proceso, ha controlado la corriente de mujeres que entran en el mercado de trabajo. En Italia, las mujeres aún son necesarias en la casa y el capital necesita todavía esta forma de familia. Al nivel actual del desarrollo en Europa en general y en Italia en particular, el capital todavía prefiere importar su fuerza de trabajo en forma de millones de hombres procedentes de áreas subdesarrolladas, mientras simultáneamente confina a las mujeres a la casa.[14]

Las mujeres son útiles no sólo porque llevan a cabo el trabajo doméstico *sin salario y sin ir a la huelga*, sino también porque acogen en la casa a todos los que periódicamente son expulsados de sus trabajos en las crisis económicas. La familia, esa cuna maternal siempre dispuesta a ayudar y proteger en momentos de necesidad, ha sido de hecho la mejor garantía de que los desempleados no se convertirían inmediatamente en una horda de destructores intrusos.

Los partidos organizados del movimiento de la clase obrera han tenido cuidado de no tocar la cuestión del

---

[14] Esto, sin embargo, está contrarrestado por una tendencia opuesta: atraer mujeres a la industria en ciertos sectores específicos. Las necesidades diferentes del capital, dentro del mismo sector geográfico, han producido propaganda y políticas diferentes e incluso opuestas. Mientras que en el pasado la estabilidad de la familia se basó en una mitología relativamente estandarizada (con una propaganda y una política uniforme y no impugnada oficialmente), hoy en día varios sectores del capital se contradicen entre sí y ponen en cuestión la definición misma de la familia como unidad estable, inmodificable y "natural". Un ejemplo clásico de esto es la variedad de opiniones y políticas financieras respecto al control de la natalidad. El gobierno británico ha duplicado recientemente la asignación de fondos para este fin. Debemos examinar en qué medida está conectada esa política con la política de inmigración racista, o sea, la manipulación de las fuentes de fuerza de trabajo madura, y también su conexión con la creciente erosión de la ética del trabajo que desemboca en los movimientos de desempleados y de madres sin recursos, es decir, con el control de nacimientos que contaminarían la pureza del capital con niños revolucionarios.

trabajo doméstico. Aparte de que han tratado siempre a las mujeres como una forma de vida inferior incluso en las fábricas, presentar la cuestión de la mujer sería poner en tela de juicio todas las bases de los sindicatos como organizaciones que se ocupan a] sólo de la fábrica; b] sólo de una jornada laboral medida y "pagada"; c] sólo de la parte de los salarios que se nos da y no de la parte que se nos quita luego, es decir, la inflación. Los partidos de clase obrera han forzado siempre a las mujeres a aplazar su liberación hasta un futuro hipotético, y la han hecho depender de los beneficios que los hombres, limitados por estos partidos en el alcance de sus luchas, ganasen para "sí mismos".

En realidad, cada una de las etapas de lucha de la clase obrera ha afianzado la subordinación y explotación de la mujer a un nivel superior. La proposición de dar pensiones a las amas de casa[15] (lo cual hace que nos preguntemos por qué no un salario) sirve únicamente para mostrar la plena disposición de estos partidos para institucionalizar aún más a las mujeres como amas de casa y a los hombres como esclavos asalariados.

Ahora es claro que ninguna de nosotras cree que la emancipación, la liberación, pueda lograrse a través del trabajo. El trabajo no deja de ser trabajo, ya sea dentro o fuera de la casa. La independencia del asalariado significa únicamente ser un "individuo libre" para el capital, y esto no es menos aplicable a las mujeres que a los hombres. Los que propugnan que la liberación de la mujer de clase obrera depende de que obtenga un trabajo fuera de la casa forman parte del problema, no de la solución. La esclavitud de la línea de ensamble no es la forma de liberarse de la esclavitud del fregadero de la cocina. Negar esto es también negar la esclavitud de

---

[15] Esta es la política, entre otras, del Partido Comunista en Italia que por algunos años propuso una ley al Parlamento italiano para conceder una pensión a las mujeres en la casa, tanto a amas de casa como a mujeres solteras, a partir de los 55 años de edad. Esta ley nunca fue aprobada.

la línea de ensamble y prueba de nuevo que si no se sabe cómo se explota a las mujeres, no se sabe nunca verdaderamente cómo se explota a los hombres. Pero esta cuestión es tan crucial que la tratamos aparte. Lo que queremos dejar claro aquí es que al no pagársenos un salario cuando estamos produciendo en un mundo organizado al modo capitalista, la figura del jefe se oculta tras la del marido. Este parece ser el receptor único de los servicios domésticos y esto da al trabajo doméstico un carácter ambiguo y esclavista. El marido y los hijos, por medio de su involucramiento afectivo, su chantaje afectivo, se convierten en los primeros capataces, los controladores inmediatos de este trabajo.

El marido tiende a leer el periódico y a esperar a que le cocinen y sirvan la comida, aun cuando la mujer salga a trabajar como él y llegue a casa con él. Obviamente, la forma específica de explotación representada por el trabajo doméstico exige una forma de lucha específica y correspondiente, a saber, la lucha de las mujeres *dentro de la familia.*

Si no logramos captar enteramente que precisamente esta familia es el verdadero pilar de la organización capitalista del trabajo; si cometemos el error de considerarla sólo como superestructura, y su cambio como dependiente sólo de las etapas de lucha en las fábricas, entonces iniciaremos una revolución coja que perpetuará y agravará siempre *una contradicción básica en la lucha de clases, y una contradicción que es funcional al desarrollo capitalista.* Estaríamos perpetuando, en otras palabras, el error de considerarnos productoras de valores de uso únicamente, de considerar a las amas de casa como algo externo a la clase obrera. En tanto se considere que las amas de casa están fuera de la clase, la lucha de clases en todo momento y en cualquier punto se verá dificultada, frustrada y será incapaz de encontrar una visión plena de su acción. Nuestra tarea aquí no es desarrollar más esto. Al exponerse y condenarse el trabajo doméstico como una forma enmascarada de trabajo productivo se suscita, sin embargo, una serie de preguntas respecto a los objetivos y las formas de lucha de las mujeres.

Socialización de la lucha del trabajador aislado. De hecho, la demanda que se seguiría de esto, "páguennos salarios por el trabajo doméstico", correría el riesgo de parecer, a la luz de la presente relación de fuerzas en Italia, como si intentáramos atrincherarnos en la condición de esclavitud institucionalizada producida por la condición del trabajo doméstico. Esta demanda, por lo tanto, no podría casi operar en la práctica como objetivo de movilización.[16]

[16] Ahora la demanda de salarios para el trabajo doméstico se está presentando cada vez más frecuentemente y con menos oposición en el movimiento de mujeres en Italia y en todas partes. Desde que se redactó por primera vez este documento (junio del 71), el debate se ha hecho más profundo y se han disipado muchas incertidumbres debidas a la .relativa novedad de la discusión. Pero, sobre todo, el peso de las necesidades de las mujeres proletarias no sólo ha radicalizado las demandas del movimiento. Nos ha dado también mayor fuerza y confianza para hacerlas progresar. Hace un año, en los comienzos del movimiento en Italia, había mujeres que todavía creían que el Estado podía sofocar fácilmente la rebelión femenina contra el trabajo doméstico mediante el "pago" de una asignación mensual de 7 u 8 libras esterlinas (250 pesos mexicanos aproximadamente) como ya había hecho especialmente con aquellos "condenados de la tierra" que dependían de pensiones. Ahora estas incertidumbres se han disipado en gran parte.

Y, en cualquier caso, es claro que la demanda de salario para el trabajo doméstico es sólo una base, una perspectiva a partir de la cual comenzar y cuyo mérito consiste esencialmente en vincular inmediatamente la opresión femenina, la subordinación y el aislamiento a su fundamento material: la explotación femenina. En la actualidad, ésta es quizá la función principal de la demanda de salarios para el trabajo doméstico.

Esto da, en seguida, una indicación para la lucha, una dirección en términos de organización, donde la opresión y la explotación, la situación de casta y de clase, se encuentran indisolublemente vinculadas. La traducción práctica y continua de esta perspectiva es la tarea que está enfrentando el movimiento en Italia y en todas partes.

Así, la cuestión reside en desarrollar formas de lucha que no dejen a las mujeres tranquilamente en la casa, dispuestas, todo lo más, a tomar parte en manifestaciones ocasionales en la calle, con la esperanza de un salario que no les pagaría nada; tenemos, más bien, que descubrir formas de lucha que rompan inmediatamente con toda la estructura del trabajo doméstico, rechazándola absolutamente, rechazando nuestro papel de amas de casa y el hogar como el gueto de nuestra existencia, ya que el problema no es únicamente dejar de hacer este trabajo sino destrozar todo el papel de ama de casa. *El punto de partida no consiste en cómo hacer el trabajo de la casa más eficientemente sino en cómo encontrar un lugar como protagonistas en la lucha; es decir, no en una mayor productividad del trabajo doméstico sino en una mayor subversividad en la lucha.*

Para derribar inmediatamente la relación entre tiempo-dedicado-a-la-casa y tiempo no-dedicado-a-la-casa no es necesario emplear tiempo todos los días en planchar sábanas y cortinas, limpiar el suelo hasta que reluzca, sin una mota de polvo, cada día. Y sin embargo muchas mujeres todavía lo hacen. No es, obviamente, porque sean estúpidas: de nuevo nos viene a la memoria el paralelo que hicimos antes con las escuelas ESN. En realidad, es que sólo en este trabajo pueden encontrar una identidad precisamente porque, como ya hemos dicho, el capital las ha separado del proceso de producción socialmente organizado.

Pero de esto no se sigue automáticamente que estar separado de la producción socializada signifique estar separado de la lucha socializada: la lucha exige, sin embargo, tiempo libre sin trabajo doméstico y ofrece, simultáneamente, una identidad alternativa a la mujer que antes la encontraba únicamente en el gueto doméstico. En el carácter social de la lucha, las mujeres descubren y ejercen un poder que les da efectivamente una nueva identidad. *Esta nueva identidad es, y únicamente puede ser, un nuevo grado de poder social.*

La posibilidad de la lucha social emana del *carácter socialmente productivo* del trabajo de las mujeres en la casa. No son sólo o principalmente los servicios proporcionados en la casa los que hacen que el trabajo de la mujer sea socialmente productivo, aunque de hecho estos servicios ahora se identifiquen con el papel de la mujer. El capital puede mejorar tecnológicamente las condiciones de este trabajo. Lo que el capital no quiere hacer de momento, por lo menos en Italia, es destruir la posición del ama de casa como pivote de la familia nuclear. Por esto, no es cuestión de esperar la automatización del trabajo doméstico, porque nunca va a tener lugar: el mantenimiento de la familia nuclear es incompatible con la automatización de estos servicios. Para automatizarlos verdaderamente, el capital tendría que destruir la familia tal como la conocemos; es decir, para *automatizar* completamente se vería forzado a *socializar*.

Pero sabemos demasiado bien lo que significa su socialización: ¡consiste siempre, por lo menos, en lo opuesto a la Comuna de París!

El nuevo salto que podría realizar la reorganización capitalista, y que ya podemos percibir en Estados Unidos y en los países capitalistas más avanzados, consiste generalmente en destruir el aislamiento precapitalista de la producción doméstica construyendo una familia que refleje más exactamente la igualdad capitalista y su dominación a través del trabajo cooperativo; en trascender "el estado incompleto del desarrollo capitalista" en la casa, con la mujer precapitalista, no libre, como pivote y hacer que la familia refleje más exactamente, en su forma, su función productiva capitalista, la reproducción de la fuerza de trabajo.

Para volver a lo dicho anteriormente: las mujeres, las amas de casa, al identificarse a sí mismas con el hogar tienden a una perfección compulsiva en su trabajo. Todos conocemos bien el dicho: siempre se encuentra algo qué hacer en una casa.

No ven más allá de sus cuatro paredes. La situación

del ama de casa como condición laboral precapitalista y, en consecuencia, la "feminidad" impuesta sobre ella, hace que vea al mundo, a los otros y toda la organización del trabajo como algo confuso, desconocido e incognoscible, irreal, percibido sólo como una sombra tras los hombros del marido que sale a la calle todos los días y se encuentra con ello.

Por lo tanto, cuando decimos que las mujeres deben acabar con la relación tiempo-dedicado-al-trabajo-doméstico y tiempo no-dedicado-al-trabajo-doméstico y empezar a salir de la casa, queremos decir que su punto de partida debe ser precisamente esta voluntad de destruir el papel de ama de casa, a fin de empezar a reunirse con otras mujeres no sólo como vecinas sino como compañeras de trabajo y anticompañeras de trabajo, para romper así la tradición de la mujer privatizada —con su consiguiente espíritu de competencia— y reconstruir una verdadera solidaridad entre las mujeres: solidaridad para el ataque, no para defender el *status quo*.

Una solidaridad común contra una forma común de trabajo. Del mismo modo, las mujeres deben dejar de reunirse con sus maridos e hijos sólo como esposas y madres, esto es, a la hora de la comida después de que lo otros regresan a casa provenientes del mundo exterior.

Cualquier lugar de lucha fuera de la casa, precisamente porque *cualquier esfera de organización capitalista presupone la casa*, brinda una oportunidad de ataque a las mujeres; reuniones en la fábrica, reuniones en el vecindario, asambleas de estudiantes, son, todos, lugares legítimos para la lucha de las mujeres, en los que pueden reunirse y enfrentar a los hombres; las mujeres contra los hombres, si se quiere, pero como individuos y no como madre-padre, hijo-hija, con todas las posibilidades que esto brinda para hacer estallar fuera de la casa las contradicciones, las frustraciones, que el capital ha querido hacer reventar dentro de la familia.

Un nuevo compás para la lucha de clases. Si las mujeres

piden en las asambleas de obreros que se suprima el
turno de noche porque por la noche, además de dormir,
uno quiere hacer el amor —y no es lo mismo que hacer
el amor de día si las mujeres trabajan durante el día—
esto significaría defender sus propios intereses independientes como mujeres en contra de la organización social
del trabajo, negándose a ser madres insatisfechas para
con sus maridos e hijos.

Pero en esta nueva intervención y confrontación, las
mujeres están expresando también que sus intereses como
mujeres no son, como se les ha dicho, diferentes y ajenos
a los intereses de la clase. Los partidos políticos, especialmente de izquierda, y los sindicatos han determinado
y deslindado las áreas de lucha de la clase obrera por
demasiado tiempo. Hacer el amor y rechazar el turno
de noche para poder hacer el amor *es un interés de
clase.* Averiguar por qué son las mujeres y no los hombres las que plantean esta cuestión es lanzar nueva luz
sobre toda la historia de la clase.

Reunirse con los hijos e hijas en una asamblea de
estudiantes es descubrirlos como individuos que hablan
entre otros; es presentarse a ellos como individuo. Hay
muchas mujeres que han tenido abortos y muchísimas
que han dado a luz. No vemos ninguna razón para que
no puedan expresar su punto de vista como mujeres en
primer lugar, ya sean estudiantes o no, en una asamblea
de estudiantes de medicina. (No damos el ejemplo de la
facultad de medicina por casualidad. En las aulas y en
las clínicas, puede verse una vez más la explotación de
la clase obrera no sólo cuando se hace de los pacientes
de tercera clase, exclusivamente, los conejillos de indias
para la investigación. Las mujeres, en especial, son el
objeto primordial de investigación y también de desprecio sexual, sadismo y arrogancia profesional de los
médicos.)

Resumiendo: precisamente esta explicación del movimiento de mujeres como expresión del carácter específico de sus intereses, amputados hasta ahora de todas

sus conexiones por la organización capitalista de la familia, se convierte en lo más importante. Esto se ha de proclamar en todos los sectores de nuestra sociedad, fundados todos ellos precisamente en la represión de estos intereses, ya que toda la explotación de clase se ha alzado sobre la mediación específica de la explotación de las mujeres.

Como movimiento de las mujeres, por lo tanto, debemos delatar cada una de las áreas en las que se localiza esta explotación, es decir, tenemos que volver a conquistar todo el carácter específico del interés de las mujeres en el curso de la lucha.

Cualquier oportunidad es buena: las amas de casa de las familias amenazadas con ser desalojadas de sus viviendas pueden aducir que su trabajo doméstico ha pagado de sobras la renta de los meses que se deben. En las afueras de Milán, muchas familias han adoptado ya esta forma de lucha.

Es maravilloso tener aparatos eléctricos en la casa pero, para los obreros que los fabrican, hacer muchos es emplear tiempo y extenuarse. Es difícil que un salario pueda comprar todos estos aparatos y eso supone, además, que cada esposa debe manejarlos sola; esto únicamente significa que sigue estancada en la casa pero, esta vez, a un nivel más mecanizado. ¡Dichoso el obrero y dichosa el ama de casa!

No se trata de disponer de comedores colectivos. No hay que olvidar que el capital crea primero la Fiat para los obreros y después sus comedores.

Por eso, al pedir un comedor colectivo en el[1] vecindario sin integrar esta demanda a una práctica de lucha contra la organización del trabajo, contra el horario de trabajo, corremos el riesgo de dar impulso a un nuevo salto que, en el nivel de la comunidad, no regimentaría más que a las mujeres con algún trabajo tentador, de manera que tuviéramos entonces, a mediodía, la oportunidad de comer porquerías colectivamente en el comedor.

Queremos hacerles saber que éste no es el comedor

que deseamos, ni guarderías y centros de recreos para niños, del mismo orden.[17] Queremos también comedores y guarderías y máquinas de lavar ropa y lavaplatos, pero además queremos alternativas: comer en privado con unas cuantas personas cuando lo deseemos, tener tiempo para estar con los niños, con los ancianos, con los enfermos cuando y donde nosotras elijamos. "Tener tiempo" significa trabajar menos. Tener tiempo para estar con los niños, ancianos y enfermos no quiere decir apresurarnos para hacerles una visita rápida en los garages en que se estaciona a niños, viejos e inválidos. Significa que nosotras, las primeras en ser excluidas estamos luchando para que todas las otras personas que están excluidas —los niños, los viejos y los enfermos— puedan reapropiarse la riqueza social, se reintegren a nosotras y todos juntos a los hombres, sin depender unos de otros sino autónomamente, tal como las mujeres lo queremos para nosotras, puesto que su exclusión del proceso social directamente productivo, de la existencia social, ha sido creada como la nuestra, por la organización capitalista.

[17] Ha habido una cierta confusión respecto a lo que decimos sobre los comedores. Se ha puesto de manifiesto una confusión similar en las discusiones en otros países, además de Italia, sobre los salarios para el trabajo doméstico. Como hemos explicado antes, el trabajo doméstico está tan institucionalizado como el trabajo en las fábricas y nuestra meta definitiva es destruir ambas instituciones. Pero aparte de cuál sea la demanda de la que se hable, existe una interpretación equivocada de lo que es una demanda. Es una meta que no consiste sólo en una cosa sino que, como el capital en cualquier momento dado, es esencialmente una etapa de antagonismo de una relación social. Que los comedores o los salarios que consigamos sean una victoria o una derrota depende de la fuerza de nuestra lucha. De esta fuerza depende que la meta sea una ocasión para que el capital dirija más racionalmente nuestro trabajo o una ocasión para que nosotras debilitemos su control de esa dirección. La forma que adquiera la meta cuando la logremos, ya se trate de salarios, comedores o control de la natalidad, surge y de hecho se crea en la lucha, y registra el grado de poder que hemos alcanzado en ella.

Negarse a trabajar. En consecuencia, debemos rechazar el trabajo doméstico como trabajo de las mujeres, como trabajo que se nos ha impuesto, que nunca inventamos, que nunca se ha pagado, en el que nos han obligado a soportar horarios absurdos —12 y 13 horas diarias—, a fin de forzarnos a permanecer en la casa.

Debemos salir de la casa; debemos rechazar la casa porque queremos unirnos a otras mujeres para luchar contra todas las situaciones que parten del supuesto de que las mujeres permanecerán en la casa, para vincular-nos a las luchas de todos los que están en guetos, ya se llamen guarderías, escuelas, hospitales, asilos de ancianos o barrios bajos. Abandonar la casa es ya una forma de lu-cha porque los servicios sociales que desempeñamos en ella dejarían de ser llevados a cabo en esas condiciones y así todos los que trabajan fuera de la casa exigirían que se descargara el peso llevado por nosotras hasta ahora directamente donde corresponde: en los hombros del capital. Esta alteración de los términos de la lucha será tanto más violenta cuanto más lo sea el rechazo del trabajo doméstico por parte de las mujeres y cuanto más resuelto y a escala masiva.

La familia de clase obrera es el punto más difícil de romper porque es el apoyo del obrero, pero sólo en tanto obrero, y por esta razón es el apoyo del capital. De esta familia depende el apoyo de la clase, la super-vivencia de la clase, pero *a expensas de la mujer y contra la clase misma.* La mujer es la esclava de un esclavo asalariado y su esclavitud garantiza la esclavitud del hom-bre. La familia protege al obrero lo mismo que el sin-dicato, pero garantiza también que él *y ella* no sean nunca otra cosa más que obreros. Y ésta es la razón de que la lucha de la mujer de clase obrera en contra de la familia sea crucial.

Reunirnos con otras mujeres que trabajan dentro y fuera de la casa nos permite disponer de otras oportu-nidades de lucha. En la medida en que nuestra lucha es en contra del trabajo, se inscribe en la que la clase obrera sostiene contra el trabajo capitalista. Pero en la medida en que la explotación de las mujeres a través del trabajo doméstico ha tenido su propia historia específica, ligada al mantenimiento de la familia nuclear, el curso específico de esta lucha que debe pasar por la destrucción de la familia nuclear tal como la ha establecido el orden social capitalista, añade una nueva dimensión a la lucha de clases.

B. La productividad de la pasividad

El papel de la mujer en la familia no es, sin embargo, únicamente el de proveedora oculta de servicios sociales que no recibe un salario. Como dijimos al principio, la sujeción de las mujeres en funciones puramente complementarias y subordinarlas a los hombres dentro de la familia nuclear tiene como premisa la atrofia de su integridad física. En Italia, con la fructuosa ayuda de la iglesia católica que ha definido siempre a la mujer como un ser inferior, ésta se ve constreñida a guardar antes del matrimonio abstinencia sexual y, después del matrimonio, a reprimir su sexualidad y destinarla únicamente a tener hijos, obligada a tener hijos. Se ha creado una imagen de la mujer como "madre heroica y esposa feliz" cuya identidad sexual es pura sublimación, cuya función consiste esencialmente en ser el receptáculo de la expresión emocional de otras personas, en ser el amortiguador del antagonismo familiar. Así pues, lo que se ha definido como frigidez femenina ha de redefinirse como una receptividad pasiva impuesta, también, en la función sexual.

Esta pasividad de la mujer en la familia es en sí misma "productiva". En primer lugar, la convierte en el desahogo de todas las opresiones que sufre el hombre en el mundo exterior y, al mismo tiempo, en el objeto sobre el que el hombre puede ejercer un ansia de poder que la dominación de la organización capitalista del trabajo implanta en él. En este sentido, la mujer se vuelve productiva para la organización capitalista; actúa como válvula de seguridad de las tensiones sociales que esta misma organización crea. En segundo lugar, la mujer se vuelve productiva en la misma medida en que la negación total de su autonomía personal la obliga a sublimar su frustración en una serie de necesidades continuas que están centradas siempre en la casa, en una especie de consumo que es el paralelo exacto de su perfeccionismo compulsivo en el trabajo de la casa. Evidentemente, nuestra labor no consiste en decirles a las mujeres lo que deben tener en sus casas. Nadie puede definir las necesidades de los demás. Nuestro interés consiste en organizar una lucha que haga innecesaria esta sublimación.

El trabajo monótono y la agonía de la sexualidad. Usamos deliberadamente la palabra "sublimación". Las frustraciones causadas por las tareas monótonas y triviales y por la pasividad sexual son sólo nominalmente separables. La creatividad sexual y la creatividad en el trabajo son, ambas, áreas en las que una necesidad humana exige que demos amplia libertad a la "acción recíproca de nuestras actividades naturales y adquiridas".[18] En las mujeres (y, por lo tanto, en los hombres) las capacidades naturales y adquiridas son simultáneamente reprimidas. La receptividad sexual pasiva de las mujeres

[18] Karl Marx, *Das Kapital, Kritik der politischen Ökonomie,* volumen I, Berlín, Dietz Verlag, 1962, p. 512. "La gran industria... convierte en cuestión de vida o muerte el sustituir esa mostruosidad que supone una mísera población obrera disponible, mantenida en reserva para las variables necesidades de explotación del capital por la disponibilidad absoluta del hombre para las variables exigencias del trabajo; el sustituir al individuo parcial, simple instrumento de una función social de detalle, por el individuo desarrollado en su totalidad, para quien las diversas funciones sociales no son más que otras tantas manifestaciones de actividad que se turnan y revelan."

crea el ama de casa compulsivamente pulcra y puede tornar terapéutica la monótona línea de ensamble. Las trivialidades de la mayor parte del trabajo doméstico y la disciplina que se requiere para desempeñar el mismo trabajo una y otra vez cada día, cada semana y cada mes, duplicado en las vacaciones, destruye las posibilidades de una sexualidad desinhibida. Nuestra infancia es una preparación para el martirio: se nos enseña a derivar la felicidad de actos sexuales pulcros en sábanas más que blancas; a sacrificar la sexualidad y cualquier otra actividad creativa al mismo tiempo.

Hasta ahora, el movimiento de las mujeres ha puesto de manifiesto, sobre todo al destruir el mito del orgasmo vaginal, el mecanismo físico que permite que el potencial sexual de las mujeres fuese estrictamente definido y delimitado por los hombres. Ahora podemos empezar a reintegrar la sexualidad a otros aspectos de la creatividad, a ver cómo la sexualidad estará siempre constreñida a menos que: a] el trabajo que hacemos no nos mutile a nosotras y nuestras capacidades individuales, y b] las personas con las que tenemos relaciones sexuales no sean nuestros amos y no estén también mutiladas por su trabajo. Hacer explotar el mito vaginal es exigir autonomía femenina como lo opuesto a la subordinación y a la sublimación. Pero no se trata únicamente del clítoris contra la vagina. Son ambos contra el útero. O bien la vagina es principalmente el pasadizo que conduce a la reproducción de la fuerza de trabajo que se vende como mercancía —la función capitalista del útero—, o bien es parte de nuestras capacidades naturales, de nuestro bagaje social. A fin de cuentas, la sexualidad es la más social de las expresiones, la más profunda comunicación humana. Es, en este sentido, la disolución de la autonomía. La clase obrera se organiza como clase para trascenderse como clase; dentro de esta clase, nos organizamos autónomamente a fin de crear las bases para trascender la autonomía.

El ataque "político" contra las mujeres. Pero mientras descubrimos nuestro camino hacia la organización de esta lucha, nos vemos confrontadas por los que evidentemente están demasiado ansiosos por atacar a las mujeres, aun cuando estamos formando un movimiento. La mujer, al defenderse a sí misma de la destrucción a través del trabajo y del consumo, dicen ellos, es responsable de la falta de unidad en la clase. Hagamos una lista parcial de los pecados de que se le acusa. Dicen:

1. Quiere una mayor parte del salario de su marido para comprar, por ejemplo, ropa para ella y sus hijos, a partir no de lo que él cree que ella necesita sino de lo que ella cree que deberían tener ella y sus hijos. Él trabaja mucho para obtener dinero. Ella sólo exige otro tipo de distribución de la falta de riqueza de ellos en vez de auxiliar al hombre en su lucha por más riqueza y más salarios.

2. Compite con las mujeres para ser más atractiva, tener más cosas que ellas, poseer una casa más limpia y ordenada que la de sus vecinas. No se alía con ellas, como debería hacerlo, a nivel de clase.

3. Se entierra en su casa y se niega a comprender la lucha de su marido en la cadena de producción. Puede que hasta se queje cuando él se va a la huelga en vez de apoyarlo. Vota por los conservadores.

Éstas son algunas de las razones dadas por los que consideran reaccionaria a la mujer o, a lo sumo, atrasada. Las esgrimen incluso hombres que asumen el liderazgo de las luchas en la fábrica y que parecen muy capaces de entender la naturaleza del jefe social a causa de su militancia. Les resulta fácil condenar a las mujeres por lo que consideran un atraso porque ésta es la ideología dominante de la sociedad. No añaden que se han beneficiado de la posición subordinada de las mujeres al ser atendidos en toda forma desde el momento en que nacieron. Algunos ni siquiera saben que se les ha atendido, tan natural les resulta que las madres, hermanas e hijas sirvan a "sus" hombres. Por otra parte, para nosotras es muy difícil separar la supremacía masculina innata, del ataque de los hombres que parece ser estrictamente "político", y esgrimido sólo en beneficio de la clase. Consideremos el tema más de cerca.

1. *Las mujeres como consumidoras.* Las mujeres no hacen de la casa el centro del consumo. El proceso de consumo es parte integrante de la producción de fuerza de trabajo y, si las mujeres se negasen a ir de compras (es decir, a gastar), ése sería un acto de huelga. Al decir esto, sin embargo, debemos añadir que aquellas relaciones sociales que les son negadas a las mujeres por su separación del trabajo socialmente organizado, ellas intentan compensarlas a menudo comprando cosas. El que se juzgue triviales a estas cosas depende del punto de vista y del sexo del juez. Los intelectuales compran libros, pero nadie tacha de trivial este consumo. Independientemente de la validez de su contenido, el libro en esta sociedad todavía representa, a través de una tradición más antigua que el capitalismo, un valor masculino.

Ya hemos dicho que las mujeres compran cosas para sus casas porque la casa es la única prueba de que existen. Pero la idea de que el consumo frugal es en alguna forma una liberación es tan vieja como el capitalismo y proviene de los capitalistas que siempre culpan de la situación de los obreros al obrero mismo. Durante años, liberales admonitorios decían de Harlem que si los hombres negros dejasen de manejar Cadillacs el problema de color se resolvería. Hasta que la violencia de la lucha (que era la única respuesta adecuada) proporcionó una medida de poder social, este Cadillac era una de las pocas maneras de mostrar el potencial de poder. *Esto* era lo que les dolía a los liberales y no la "economía práctica".

En cualquier caso, nada de lo que cualquiera de nosotras compra se necesitaría si fuésemos libres. Ni la comida que nos dan envenenada ni los vestidos que nos identifican por clase, sexo y generación, ni las casas en las que nos encarcelan.

En cualquier caso, además, nuestro problema consiste en que nunca tenemos suficiente, no en que tengamos demasiado. Y la presión que las mujeres ejercen sobre los hombres es *una defensa del salario y no un ataque*. Precisamente porque las mujeres son las esclavas de esclavos asalariados, los hombres dividen el salario entre ellos y el gasto general de la familia. Si las mujeres no tuvieran exigencias, el nivel de vida general de la familia bajaría hasta absorber la inflación —la mujer, claro está, es la primera en pasarse sin nada. Por lo tanto, si la mujer no plantea exigencias, la familia es funcional al capital y, en un sentido adicional, a los factores que hemos enumerado: puede absorber la baja en el precio de la fuerza de trabajo.[19] Esta es, por lo tanto, la forma material más eficaz en que las mujeres pueden defender el nivel de vida de la clase. Y cuando las mujeres salgan a reuniones políticas necesitarán todavía más dinero.

2. *Las mujeres como rivales.* Respecto a la "rivalidad" de las mujeres, Frantz Fanon ha puesto en claro para el Tercer Mundo lo que sólo el racismo impide que se aplique generalmente a la clase. Los colonizadores, dice, cuando no se organizan contra sus opresores, se atacan unos a otros. La exigencia de las mujeres por un mayor

[19] "La otra y más importante objeción que desarrollaremos en los capítulos siguientes, surge de nuestra inconformidad con el supuesto de que el nivel general de los salarios reales esté directamente determinado por el carácter de los convenios sobre salarios... Vamos a sostener que ha existido *una confusión fundamental respecto a la forma en que opera en realidad a este respecto la economía que vivimos."* Teoría general de la ocupación, el interés y el dinero, John Maynard Keynes, FCE, 2ª reimpresión de la 2ª edición, 1971, pp. 23-24. Traducción de Eduardo Hornedo, revisión de Angel Martín Pérez. En nuestra opinión, "algunas otras fuerzas" son, en primer lugar, las mujeres.

consumo puede expresarse a veces en forma de rivalidad
pero aun así, como ya dijimos, protege el nivel de vida
de la clase. Lo que no es lo mismo que la rivalidad
sexual de las mujeres; esa rivalidad está arraigada en su
dependencia económica y social de los hombres. En la
medida en que viven para los hombres, se visten para
los hombres, trabajan para los hombres, son manipula-
das por ellos a través de esa rivalidad.[20]

En cuanto a la rivalidad por sus casas, las mujeres
han sido adiestradas desde que nacen para ser obsesivas

[20] Se ha observado que muchos bolcheviques después de
1917 encontraron a su pareja femenina entre la aristocracia des-
poseída. Cuando el poder sigue residiendo en los hombres, tanto
a nivel del Estado como en las relaciones individuales, las
mujeres siguen siendo "presas y siervas del placer de la comunidad" (Karl Marx, *Manuscritos económico-filosóficos de 1844*,
FCE, México, 1962, p. 134. Traducción al español de Julieta
Campos, basada en la traducción inglesa de T. B. Bottomore).
La progenie de "los nuevos zares" se remonta muy atrás. Ya
en 1921 en las "Decisiones del Tercer Congreso de la Internacional Comunista", se lee en la Parte i dedicada al "Trabajo
entre las mujeres": "El Tercer Congreso del Comintern confirma
la proposición básica del marxismo revolucionario, a saber, que
no existe una 'cuestión específica de la mujer' ni tampoco un
'movimiento específico de las mujeres', y todo tipo de alianza
de las mujeres obreras con el feminismo burgués, así como
cualquier apoyo de las mujeres obreras a las tácticas traidoras de
los oportunistas y reformistas sociales, lleva al debilitamiento
de las fuerzas del proletariado... Para poner fin a la esclavitud de las mujeres es necesario inaugurar la nueva organización
comunista de la sociedad".

Como la teoría era masculina, la práctica consistía en "neu-
tralizar". Citemos a uno de los primera fundadores. En la primera
Conferencia Nacional de Mujeres Comunistas del Partido Comunista de Italia, el 26 de marzo de 1922, "el camarada
Gramsci señaló que debe organizarse una acción especial entre
las amas de casa, las cuales constituyen la gran mayoría de las
mujeres proletarias. Dijo que se las debe relacionar de alguna
manera con nuestro movimiento estableciendo organizaciones especiales. Las amas de casa, en lo que respecta a la calidad de
su trabajo, pueden considerarse similares a los artesanos y, por
lo tanto, es muy difícil que se hagan comunistas; sin embargo,
como son las compañeras de los obreros y como comparten de

y posesivas en cuanto a las casas limpias y ordenadas. Pero los hombres no pueden beneficiarse en ambos sentidos; no pueden continuar disfrutando el privilegio de tener una sirvienta particular y quejarse después de los efectos de esta privatización. Si siguen quejándose tendremos que llegar a la conclusión de que su acusación de que actuamos como rivales es en realidad una justificación de nuestra servidumbre. Si Fanon se equivocaba cuando decía que las contiendas entre los colonizados son una expresión de su bajo nivel de organización, entonces el antagonismo es signo de una incapacidad natural. Si llamamos a la casa un gueto podríamos del mismo modo llamarla una colonia gobernada por medio de un régimen indirecto con la misma verdad. La resolución del antagonismo de los colonizados entre sí reside en la lucha autónoma. Las mujeres han superado obstáculos mayores que la rivalidad para unirse y apoyar a los hombres en lucha. En lo que no han tenido tanto éxito es en transformar y profundizar los momentos de lucha y hacer de ellos oportunidades para presentar sus propias demandas. La lucha autónoma le da la vuelta a la cuestión: no "mujeres unidas en apoyo a los hombres", sino "hombres unidos en apoyo a las mujeres".

3. *Las mujeres como elementos de división.* ¿Qué es lo que ha impedido hasta ahora la intervención política de las mujeres? ¿Por qué puede utilizárselas en algunas circunstancias contra las huelgas? ¿Por qué, en otras palabras, no está unida la clase? Desde el principio de

alguna manera la vida de los obreros, el comunismo les atrae. Nuestra propaganda puede tener, por lo tanto, una influencia encima (*sic*) de estas amas de casa; puede ser instrumental, si no para darles puestos dentro de nuestra organización, sí para neutralizarlas; de modo que no obstaculicen el camino de las posibles luchas de los obreros". (Tomado de *Compagna*, órgano del Partido Comunista Italiano para el trabajo con mujeres. Año I, N° 3, 2 de abril, 1922, p. 2).

este documento hemos hecho de la exclusión de las mujeres de la producción socializada una cuestión central. Ésta es una característica objetiva de la organización capitalista: en la fábrica y en la oficina, trabajo cooperativo; en la casa, trabajo aislado. Esto se refleja subjetivamente en la forma en que los obreros se organizan en la industria, separados de la comunidad. ¿Qué puede hacer la comunidad? ¿Qué pueden hacer las mujeres? Apoyar, ser apéndices de los hombres en la casa y en la lucha, formar incluso un cuerpo auxiliar de mujeres en los sindicatos. Esta división y *este tipo de división* es la historia de la clase. En cada una de las etapas de la lucha se utilizan a los que ocupan posiciones periféricas respecto al ciclo productivo contra los que están en el centro, siempre que estos últimos ignoren a los primeros. Esta es la historia de los sindicatos en los Estados Unidos, por ejemplo, cuando se utilizaba a los obreros negros como rompehuelgas —nunca, dicho sea de paso, con tanta frecuencia como se les hacía creer a los obreros blancos. Los negros, como las mujeres, son inmediatamente identificables y los informes de huelgas rotas refuerzan los prejuicios que emanan de divisiones objetivas: los blancos en la línea de ensamble, los negros barriéndoles el suelo, o el hombre en la línea de ensamble y la mujer barriéndole el suelo cuando llega a casa.

Cuando los hombres rechazan el trabajo se consideran militantes, y cuando nosotras rechazamos el trabajo somos consideradas por estos mismos hombres como mujeres refunfuñonas. Cuando alguna de nosotras vota por los conservadores porque hemos sido excluidas de la lucha política, creen que estamos atrasadas, mientras que ellos votan por partidos que ni siquiera consideran que existimos, excepto como lastres, y en el camino se venden ellos (y a todas nosotras) totalmente.

C. La productividad de la disciplina

El tercer aspecto del papel de las mujeres en la familia consiste en que, a causa de este tipo especial de atrofia de la personalidad del que ya hemos hablado, la mujer se convierte en una figura represiva, que disciplina a todos los miembros de la familia, ideológica y psicológicamente. Puede que viva bajo la tiranía de su marido, de su casa, la tiranía de luchar por ser "madre heroica y esposa feliz", aunque toda su existencia repudie este ideal. Los que están tiranizados y carecen de poder están junto a la nueva generación durante los primeros años de sus vidas y producen obreros dóciles y pequeños tiranos, igual que los maestros hacen en la escuela. (En esto el marido se une a su mujer: las asociaciones de padres y maestros no existen por casualidad.) Las mujeres, responsables de la reproducción de la fuerza de trabajo, disciplinan, por un lado, a los niños que serán los obreros del mañana y, por otro lado, al marido, para que trabaje hoy, ya que sólo su salario puede pagar para que se reproduzca la fuerza de trabajo.

Aquí hemos intentado únicamente considerar la productividad doméstica femenina sin entrar en detalle sobre sus implicaciones psicológicas. Por lo menos, hemos situado y descrito en esencia esta productividad doméstica femenina en lo que respecta a la complejidad del papel que juega la mujer (esto es, además del trabajo doméstico real cuyo peso asume sin que se le pague). Planteamos, pues, como principal la necesidad de romper este papel prefijado que quiere que las mujeres estén divididas unas de otras, de los hombres y los niños, cada una de ellas encerrada en su casa como la crisálida en el capullo que la aprisiona, hecho con su propio trabajo, para morir y dejarle seda al capital. Rechazar todo esto significa que las amas de casa se reconozcan a sí mismas también como un sector de la clase y como el más degradado, porque no se les paga salario. La posición del ama de casa en la lucha omnicomprensiva de las mujeres es crucial porque socava la columna que es el soporte de la organización capitalista del trabajo, a saber, la familia.

Así pues, cualquier meta que tienda a afirmar la individualidad de las mujeres frente a esta figura complementaria de todo y de todos, esto es, el ama de casa, vale la pena planteársela porque es una meta que subvierte la productividad de este papel.

En el mismo sentido, todas las demandas que puedan servir para restituir a la mujer la integridad de sus funciones físicas básicas, empezando por la sexual que fue la primera de la que se le despojó junto con la productividad creativa, han de plantearse con la mayor urgencia.

No es casual que la investigación de anticonceptivos haya progresado tan lentamente, que el aborto esté prohibido casi en todo el mundo o se conceda en último término sólo por razones "terapéuticas".

Avanzar primero con base en estas demandas no es reformismo fácil. El control capitalista de estos asuntos afirma una y otra vez la discriminación de clase y específicamente la discriminación de las mujeres. ¿Por qué se utilizó a las mujeres proletarias, a las mujeres del Tercer Mundo, como conejillos de indias para esta investigación? ¿Por qué continúa planteándose la cuestión del control natal como un problema de las mujeres? Empezar a luchar para acabar con el control capitalista sobre estas materias es avanzar en el nivel de la clase, y a nivel específicamente femenino. Vincular estas luchas con la lucha contra la maternidad, concebida ésta como responsabilidad de las mujeres exclusivamente, contra el trabajo doméstico concebido como trabajo de las mujeres, y en definitiva contra los modelos que el capitalismo nos brinda como ejemplos de la emancipación de las mujeres y que no son más que copias horribles del papel masculino, es luchar contra la división y la organización del trabajo.

Resumamos. El papel de ama de casa, tras cuyo aislamiento se oculta un trabajo social, debe ser destruido. Pero nuestras alternativas están estrictamente definidas. Hasta ahora, el mito de la incapacidad femenina, arraigado en esa mujer aislada, dependiente del salario de otra persona y por lo tanto moldeada por la conciencia de otra persona, se ha roto con sólo una acción: al obtener la mujer su propio salario, rompe el gozne de la dependencia económica personal, vivir su propia experiencia independiente en el mundo fuera de la casa, desempeñar trabajo social en una estructura socializada, ya fuera la fábrica o la oficina, e iniciar sus propias formas de rebelión social junto con las formas tradicionales de la clase. *El advenimiento del movimiento de las mujeres es un rechazo de esta alternativa.*

El capital se está apoderando del ímpetu mismo que creó un movimiento —el rechazo por millones de mujeres del lugar tradicional de la mujer— para rehacer la fuerza de trabajo incorporando cada vez a más mujeres. El movimiento sólo puede desarrollarse en oposición a esto. Con su misma existencia, plantea, y debe hacerlo cada vez más articuladamente en la acción, que las mujeres niegan el mito de la liberación a través del trabajo. Porque ya hemos trabajado bastante. Hemos cortado billones de toneladas de algodón, lavado billones de platos, fregado billones de suelos, mecanografiado billones de palabras, conectado billones de aparatos de radio, lavado billones de pañales, a mano y en máquinas. Cada vez que nos han "permitido entrar" en algún enclave tradicionalmente masculino, ha sido para encontrar un nuevo nivel de explotación para nosotras. Aquí de nuevo a pesar de que son diferentes, establecer un paralelo entre subdesarrollo en el Tercer Mundo y subdesarrollo en la metrópoli, para precisar mejor, en las cocinas de la metrópoli. El plan capitalista propone al Tercer Mundo que se "desarrolle"; que, además de sus agonías presentes, sufra también la agonía de una contrarrevolución industrial. A las mujeres de la metrópoli se les ha ofrecido la misma "ayuda". Pero las que hemos salido de nuestras casas para trabajar porque no teníamos más remedio o para ganar dinero extra o independencia económica, hemos prevenido a las demás: la inflación nos ha clavado en estos horribles puestos de mecanógrafas o en las líneas de ensamble y ahí no está la salvación. No debemos admitir el desarrollo que nos ofrecen. Pero la lucha de la mujer que trabaja no consiste en regresar al aislamiento de la casa, por muy atractivo que pueda resultar, a veces, los lunes por la mañana; como tampoco consiste en cambiar la sujeción en la casa por la sujeción a un escritorio o a una máquina, por muy atractivo que pueda resultar comparado con la soledad del doceavo piso de un edificio de viviendas.

Las mujeres debemos descubrir nuestras posibilidades totales, que no son ni remendar calcetines ni convertirse en capitanes de transoceánicos. Es más, *puede* que queramos hacer este tipo de cosas, pero ahora no puede situárselas en otro contexto que no sea la historia del capital.

El reto que enfrenta el movimiento de las mujeres es el de encontrar formas de lucha que, a la vez que liberen a las mujeres de la casa, eviten, por un lado, una esclavitud doble y, por otro, nos impidan llegar a otro nuevo grado de control y regimentación capitalista. *Esta es, en definitiva, la línea divisoria entre reformismo y política revolucionaria dentro del movimiento de las mujeres.*

Parece que ha habido pocas mujeres geniales. No ha podido haberlas ya que estaban separadas del proceso social y no podemos ver en qué asuntos podrían haber aplicado su genialidad. Ahora hay un asunto y es la lucha misma.

Freud también dijo que toda mujer desde que nace sufre de "envidia del pene". Olvidó añadir que este sentimiento de envidia comienza cuando la mujer percibe que de algún modo tener un pene significa tener poder. Todavía cayó menos en la cuenta de que el poder tradicional del pene comenzó toda una nueva historia desde el momento mismo en que la separación del hombre y la mujer se convirtió en una división capitalista.

Y ahí es donde comienza nuestra lucha.

29 de diciembre de 1971

EL LUGAR DE LA MUJER*

SELMA JAMES

Hoy, más que nunca, los periódicos y revistas están llenos de artículos sobre las mujeres.

Algunos tratan simplemente de lo que hacen las mujeres de sociedad y de qué personas de la clase alta se casan. Otros se ocupan de que exista un alto índice de divorcio y tratan de dar una respuesta a todo esto. También discuten la incoporación de millones de mujeres a la industria o el desasosiego de las amas de casa.

Estos artículos no dicen qué significa este desasosiego y únicamente pueden intentar hacer que las mujeres sientan que están hoy mejor que nunca.

Suplican a las mujeres que sean felices.

Ninguno de estos artículos, ninguno, destaca que si bien las mujeres están, de cualquier manera, hoy mejor que nunca, es porque ellas han realizado este cambio. No señalan que las mujeres quieren un cambio inmediato y que serán ellas quienes lo realizarán.

El método que tienen estos autores para eludir el papel de la mujer en la confección de la historia consiste en eludir la vida cotidiana de millones de mujeres, lo que hacen y piensan.

Es en esta vida cotidiana donde se manifiesta lo que las mujeres quieren y lo que no quieren.

Muchos de los que escriben estos artículos son mujeres, pero mujeres profesionistas que no son ni las obreras ni amas de casa de este país. Estas escritoras se

---

* "El lugar de la mujer" fue publicado por primera vez en Estados Unidos, febrero de 1953, por *Correspondence*, un grupo organizado en torno a la publicación de un periódico obrero. Se utilizaron seudónimos (Marie Brant y Ellen Santori) por la forma específica de represión política del Estado norteamericano en la época de McCarthy.

dan cuenta de que si contasen las cosas tal como son, darían un arma a las mujeres en su lucha por conseguir una nueva vida para ellas y sus familias.

No toman en cuenta, por lo tanto, las presiones diarias que enfrentan las mujeres. No consideran el hecho de que las mujeres, al solucionar estas presiones a su manera, se dan cuenta de la fuerza que poseen ellas y las demás mujeres. Eluden decir que las mujeres, al sentir su fuerza y destruir las antiguas relaciones, se están preparando junto con sus maridos para una relación mejor.

Las coautoras de este texto han visto todo esto en sus propias vidas y en las de las mujeres que conocen. Lo han escrito para empezar a expresar lo que siente, piensa y vive el promedio de las mujeres.

LA MUJER SOLTERA

Hay muchas mujeres que trabajan antes de casarse y descubren que son perfectamente capaces de desenvolverse solas. Comparadas con las muchachas solteras de hace veinte años, son muy independientes. Quieren casarse, pero dicen que sus matrimonios serán diferentes. Dicen que no van a permitir que se haga de ellas las afanadoras hogareñas que fueron sus madres. Una amiga mía dice que ella es diferente a su madre porque le exige más al matrimonio. "Ella no esperaba nada. Yo soy diferente: yo cuento con ello."

Las mujeres quieren participar en las decisiones que han de tomarse y muy a menudo no quieren conformarse con una sola paga. Prefieren seguir trabajando después de casarse aunque sólo sea por un tiempo para poder empezar a tener algunas de las cosas que quieren y necesitan.

Uno de los grandes problemas que tiene que enfrentar la mujer soltera, aparte de mantenerse, es cuál va

a ser su actitud respecto a la moral que se le ha ense-
ñado. Al tratar de solucionarlo, las jóvenes han iniciado
toda una nueva moral. Aun cuando muchas jóvenes no
hayan pensado en sus acciones en este sentido, han ido
contra todo el código moral de acuerdo al cual se les
enseñó a vivir. Muchas mujeres tienen relaciones amo-
rosas antes de casarse y no se las mira despectivamente
como mujeres caídas o malas. No es lo mismo que, hace
años, cuando una mujer salía con un hombre y lo man-
tenía en secreto. Una muchacha me dijo que todas sus
amigas habían tenido relaciones sexuales con sus novios
y hablaban de ello abiertamente. Sienten que tienen
derecho a ello y están dispuestas a ir contra las autori-
dades escolares, contra sus padres y contra los hombres
que no las acepten. Tanto si la sociedad lo aprueba como
si no, hacen lo que hacen sus amigas e insisten en obtener aprobación mediante la fuerza del número de ellas
que siente y actúa de la misma manera.

"Oye, me asustan"

La mujer soltera antes de casarse y renunciar a la libertad de que goza, lo piensa dos veces. Antes del matrimonio, salía cuando le apetecía y se compraba los
vestidos que necesitaba. Nunca gozó de la libertad que
gozan los hombres pero estaba sola. Una mujer joven
de veinte años con la que trabajo dice que ha estado a
punto de casarse dos veces y está muy contenta de no
haberlo hecho. Me dijo: "Me doy cuenta de lo bien
que estoy cuando oigo a las mujeres casadas hablar de
sus maridos. Yo ahora hago lo que quiero". Cuando oye
hablar a las casadas, dice: "Oye, me asustan. Me están
convirtiendo en una solterona".
   Pero todas las mujeres quieren tener una casa y una
familia. Esta misma muchacha siempre está hablando de
tener niños y de sus novios. Las jóvenes de hoy en día
sienten que los buenos tiempos y la intimidad que tie-

nen con sus novios no debe terminar con el matrimonio
sino que debería convertirlo en una verdadera experiencia. Es obvio que estas muchachas no rechazan a los
hombres o el matrimonio, sino solamente lo que el matrimonio es en la actualidad.

LA MUJER CASADA

En cuanto una mujer se casa piensa que debe estable-
cerse y aceptar la responsabilidad, algo para lo que siempre se nos ha entrenado a las mujeres. Se da cuenta de
que su trabajo consiste en hacer de la casa en la que
viven ella y su marido un lugar al que se pueda invitar
a los amigos y en el que descansar después de un pesado
día de trabajo. Y aunque una mujer trabaje, se supone
desde el principio que la responsabilidad principal de la
casa le corresponde a ella y el trabajo principal de manu-
tención corresponde al hombre. El marido tiene que salir
para mantener a la mujer y a los hijos. La mujer debe
garantizar que la casa esté limpia, los niños bien cuidados, las comidas preparadas, la ropa lavada, etc. Parece
que éste es el modo justo de hacer las cosas. Pero pronto
se descubre que el trabajo de quedarse en la casa y
cuidar de ella no es como lo pintan en las películas.
El trabajo doméstico nunca termina y es monotono y
repetitivo. Después de un tiempo de hacer cosas en la
casa, como planchar o levantarse temprano para preparar las loncheras o el desayuno, se convierte en algo que
no es lo que se quiere hacer. Es algo que se tiene que
hacer.

Los niños

Algunas parejas tratan de no caer en la división del trabajo al principio. Por ejemplo, si la mujer trabaja, el

hombre compartirá el trabajo de la casa con ella. El marido de una mujer participaba en el trabajo doméstico más que ella, antes de que tuviesen hijos. Pero toda idea de compartir el trabajo desaparece cuando se tienen hijos. Cuando hay niños, todo el montaje de que el hombre trabaje fuera de la casa y la mujer en ella se muestra tal cual es: un montaje inhumano. El peso de los niños, la casa y demás se le adjudica a la mujer. En cuanto una mujer deja el trabajo para tener hijos, el hombre ya no siente que tenga que ayudarla. Lo que era una división en su matrimonio al principio de casarse se convierte ahora en una separación. Los niños, en vez de unir a los padres, dividen el matrimonio y atan a la mujer a la casa y al hombre a su empleo. Pero muy a menudo para la mujer que trabaja y está anhelando dejar el trabajo cuando tenga hijos, la llegada de éstos hace del trabajo fuera de la casa una cadena perpetua. Después de un mes o dos, regresa de nuevo al trabajo.

Muy pocos hombres se interesan en los detalles que requiere el cuidado de un bebé. Creen que no es cosa suya cambiar los pañales y bañar a los niños. Algunos hombres creen incluso que, aunque sus esposas tengan que quedarse en la casa con los niños, no es motivo para que ellos se queden también con ella. O sea que salen y hacen lo que les apetece, si sus esposas los dejan, sabiendo que ellas están metidas en casa constantemente cuidándose de sus hijos. Si un hombre sale con sus amigos, la mujer normalmente lucha por el derecho a salir con sus amigas. Una mujer me dijo que estaba embarazada y que estaba apenada porque tenía un hijo de cuatro meses. Contaba que su marido estaba contento. Porque sabía que si ella estaba obligada a quedarse con el niño él podría salir cuando quisiese. Cada vez menos mujeres aceptan esto de sus maridos. Las mujeres luchan con uñas y dientes para que no se les descargue toda la responsabilidad de la casa y los niños. Se niegan a quedarse en casa y estar atadas a ella mientras sus ma-

ridos siguen viviendo como si no hubiese pasado nada.
Si las mujeres han de quedarse en casa, sus maridos se
quedarán con ellas.

La familia está dividida

Las mujeres intentan romper con la división que se ha
creado entre el padre y los hijos y entre la madre y el
padre. Las mujeres no permiten que el hombre goce del
privilegio que la sociedad le ha conferido. Es un privilegio del que él sufre tanto como ella. Los hombres
saben poco de sus hijos, no están cerca de ellos, y no
saben lo que dedicarle tiempo y trabajo a un hijo da
a cambio. Esta entrega que realiza la mujer es lo que la
acerca mucho más a sus hijos de lo que un padre pueda
estar. Los hombres creen que mantener al hijo es todo
lo que tienen que hacer para obtener el cariño de éste
y el respeto de sus mujeres. Creen que no se les debe
pedir nada más, pero cuanto menos se les pide menos
reciben a cambio.

Para una mujer no es fácil acostumbrarse a ser madre.
Porque sabe que es completamente responsable del
niño. Si el marido deja de mantenerlo, tiene que hacerlo
ella. Tiene que educarlo. Nadie más lo va a hacer. El
tipo de persona que sea cuando crezca será principalmente obra de ella. En cuanto se tiene un hijo hay
que hacer que funcione el matrimonio. Ahora no se
trata sólo de una misma sino de otra persona que no
pidió nacer y que sufrirá si el matrimonio fracasa.
Muchos matrimonios que normalmente terminarían, la
mujer los mantiene a fin de salvar al niño de un hogar
deshecho.

Toda la vida de la mujer gira alrededor de sus hijos.
Piensa en ellos primero. Encuentra que son las únicas
personas en su vida que realmente la necesitan. Si no tiene nada más, vive para ellos. Organiza su trabajo de manera que pueda proporcionarles el mejor cuidado. El

horario de acuerdo con el que vive muestra que su tiempo no es suyo sino que pertenece a sus hijos. Frecuentemente debe pasar sin cosas para que ellos tengan lo que necesitan. Debe tratar de vivir en una casa que sea lo suficientemente segura y amplia para ellos. A veces hasta tiene que pelear con su marido para conseguir algo que ella cree que los niños necesitan y que él no está dispuesto a darles. La mujer planea su vida de acuerdo a la edad que tengan ellos.

Es fácil para un hombre decir que son sus hijos pero la verdadera preocupación cuando están enfermos o se portan mal, cómo comen y cómo duermen, todo esto recae en los hombros de la mujer. Cómo le quedan los zapatos, dónde se guarda su ropa, incluso de cosas como éstas los hombres no saben nada. Esto no quiere decir que a los padres les gusten así las cosas. Simplemente es que aunque no les guste pueden hacer muy poco por ello. Cuando salen de la casa en la mañana, los niños generalmente están dormidos y cuando regresan por la noche ya casi se van a la cama. Sus vidas están dedicadas a ganar dinero y todos los problemas que esto implica. Como no están con sus hijos lo suficiente, tienen muy poca idea de lo que necesitan, no sólo en lo que atañe a sus necesidades físicas sino en cuanto a disciplina, cariño y seguridad. La división que se ha hecho entre casa y fábrica crea una división entre el padre y sus hijos. Es obvio que cuando el padre y la madre llevan vidas separadas, los niños también van a sufrir. Son utilizados frecuentemente por uno de los padres como armas contra el otro. Los niños raras veces saben qué pasa con sus padres y tratan lo más pronto posible de alejarse de todo esto. Se niegan a ser parte de esta guerra familiar constante y se disocian simplemente de ello en cuanto son lo suficientemente mayores.

Después, los niños regresan a casa

El trabajo que es parte de tener un hijo destruye mucho del placer de tenerlo a quien tiene que hacer este trabajo. Estar con los niños día tras día, semana tras semana, limpiar lo que ensucian, llevarlos limpios, preocuparse por si salen a la calle o se resfrían no es sólo una tensión terrible sino que se convierte en lo único que se ve en el niño, o sea, el trabajo y la preocupación que lleva consigo. Se empieza a ver en el niño sólo el trabajo y nada del placer. Se siente que cualquier etapa de su crecimiento significa no sólo un niño en desarrollo sino más trabajo que hacer. Se ve al niño como un impedimento para hacer el otro trabajo y para tener tiempo libre. Parece que se interpone "en el camino" más que formar parte de la vida de una. Justo en el momento en que se cree haber terminado de limpiar la casa, llegan los niños y comienza de nuevo la rutina, marcas de dedos en la pared, zapatos con lodo y juguetes por todas partes.

No se da una cuenta de la barrera que crea el trabajo de criar a un niño hasta que finalmente éste entra en la adolescencia. Representa menos trabajo y tener más tiempo y mayor oportunidad de apreciarlo como persona. Pero entonces es demasiado tarde. Ya se ha alejado y la madre en realidad ya no puede verlo, conocerlo y apreciarlo.

Cuando una mujer no puede hacer comprender esto a su marido (y como un hombre no pasa por ello, es muy difícil que lo entienda), debe sacarle literalmente a la fuerza algún tiempo libre dedicado a los niños para ella. Esto no resuelve nada, pero mitiga la tensión por un rato. A veces los hombres no quieren que sus mujeres tengan ninguna libertad. No tienen confianza en ellas o tienen una idea anticuada de que no la necesitan o que no deben tenerla. Las únicas personas a quienes se puede recurrir en estas situaciones son las vecinas. Son con frecuencia las únicas personas que comprenden, porque también son mujeres y tienen los

mismos problemas. Por un poco de dinero o en intercambio, pueden estar dispuestas a cuidar a tu hijo una
tarde. Aun así no se es verdaderamente libre. Una puede
seguir preocupándose, cuando está lejos, de si los niños
están bien cuidados. A veces existe incluso un sentimiento de culpa solamente por haberlos dejado. Nunca
la dejan olvidarse a una de que debería estar en casa
con sus hijos. Si se es madre, una nunca puede sentirse
verdaderamente libre de ellos. Tampoco cuando se está
con ellos. La mujer muy pronto descubre que lo que
deseaba al tener hijos no lo puede tener. Su situación,
la de su marido y sus hijos, pone a los niños en conflicto inmediato con ella.

Cuando una mujer tiene hijos, está atada a la casa
y a estos mismos hijos que son tan importantes para ella.
No se sabe qué es ser un ama de casa hasta que se
tienen hijos.

La casa

Todo lo que una mujer hace, lo hace sola. Todo el
trabajo de la casa es para ti sola. Únicamente se está
con otra gente cuando se tienen visitas o se va a visitar
a alguien. La gente a veces piensa que cuando las mujeres hacen visitas están simplemente perdiendo el tiempo. Pero si no fueran a visitar a alguien de vez en
cuando se volverían locas de aburrimiento y de sentir
que no tienen nadie con quien hablar. Es bueno salir
y estar con gente. El trabajo es el mismo, día tras día.
"Aunque te mueras, la casa seguirá estando allí en la
mañana." A veces se aburre una tanto que tiene que
hacer algo. Una mujer solía cambiar los muebles de
lugar cada dos o tres semanas. Otras mujeres compran
algo nuevo para la casa o para ellas. Hay un millón de
esquemas para romper con la monotonía. Los seriales
de la radio durante el día ayudan a pasar el tiempo pero
no hay nada que cambie el aislamiento y el aburrimiento.

Lo que siempre está ahí cuando se hace el trabajo de la casa, y es algo terrible, es el sentimiento de que nunca se acaba. Cuando un hombre trabaja en una fábrica puede trabajar mucho durante largas horas. Pero en un momento dado, sale corriendo y ha terminado por aquel día por lo menos. Cuando llega el viernes o el sábado por la noche tiene uno o dos días por delante. En la casa nunca se termina. No sólo hay siempre algo que hacer allí, sino que siempre hay alguien que desordena un poco antes de casi haber terminado. Después de haber pasado cuatro o seis horas limpiando a fondo la casa, llegan los niños y en cinco minutos parecerá un corral. O tu marido ensuciará todos los ceniceros que hay en la casa. O lloverá justo después de haber limpiado las ventanas. Puede que se sea capaz de controlar a los niños o de hacer que el marido tenga más cuidado pero esto no resuelve muchas cosas. Del modo que está montada la casa, ni el marido ni los niños tienen la menor idea del esfuerzo y el trabajo tan pesado que representa limpiarla. Del modo que está montada la casa, la mujer no tiene control de las horas de trabajo, la clase de trabajo que tendrá que hacer y cuánto. Esto es lo que las mujeres quieren controlar.

El resto de la familia no forman parte de la casa. Simplemente viven allí. Tú haces de la casa lo que es: un lugar donde descansar. La haces más vivible, más atractiva. La haces confortable. La mantienes limpia. Y tú eres la única que nunca puede disfrutarla completamente. Siempre se está pendiente de lo que ha de hacerse. Ir detrás de todos recogiendo cosas parece un trabajo interminable. Nunca puedes descansar allí donde gastas la mayor parte de tu tiempo, energía y capacidad.

La mayoría de las mujeres ni siquiera toman las decisiones importantes en lo que se refiere a la casa. Aunque pueden hacer lo que les parezca en muchas cosas pequeñas, las verdaderamente importantes las decide o directamente el marido o se asegura de que su opinión cuente. Las mujeres sienten que deben tener poder de decisión en la casa. Participan más que nunca en las decisiones de la casa. Pero han tenido que pelear mucho para que esto se les reconozca.

"TU JEFE ERES TÚ"

Se dice que la mujer es su propio jefe. Es decir, nadie le dice que trabaje rápido. Nadie le dice cuánto debe trabajar. Y nadie está encima de ella todo el día. Puede sentarse cuando quiera y fumarse un cigarrillo o comer cuando tiene hambre.

El ama de casa tiene un tipo completamente diferente de jefe. El primero es el trabajo de su marido. Todo lo que tiene que hacer una mujer depende del empleo que tenga su marido. Gane lo que gane su marido, es de lo que la familia tiene que vivir. La cantidad de vestidos que se compre o el que tenga que hacérselos ella misma, que se lleve la ropa a la lavandería o que se lave a mano, que se viva en un departamento amontonados o en una casa con suficiente espacio para la familia, que se tenga máquina de lavar o se laven los vestidos a mano, todas estas cosas están decididas por la clase de empleo que tenga su marido.

Las horas que trabaje su marido determinan todo el horario de ella y cómo viva y cuándo tenga que hacer el trabajo. Tener un marido que trabaje por las noches es un gran problema para una mujer. Entonces no hay horario. Para cuando se ha hecho el trabajo de la casa, se levanta el marido y se desordena otra vez la casa. Si hay niños, entonces se tienen dos horarios. Hay que mantener callados a los niños durante el día, lo cual es casi imposible de lograr.

Que el marido tenga un trabajo relativamente fácil o pesado, también afecta su vida. Un hombre que trabaja mucho no le va a ayudar en nada del trabajo de la casa. Llegará mucho más gruñón y difícil de soportar.

La mujer tiene que aprender a controlarse mucho más si quiere que haya un poco de paz. Y se ha de mantener más en raya a los niños también.

Hasta el lugar donde se vive lo decide el trabajo del marido. Se vive en la parte de la ciudad desde donde sea más fácil para él llegar al trabajo. Y si en esta ciudad no hay empleos que estén en la línea del trabajo del marido, entonces hay que olvidarse de amigos y vínculos familiares y marcharse adonde él pueda encontrar trabajo.

Los hijos y las exigencias de cuidarlos es el siguiente punto decisivo en la manera en que la mujer va a pasar su vida. No hay nada, nada, que exija más que un niño pequeño. Cuando quieren algo, lo quieren en aquel momento preciso y no después.

Pero el jefe más despiadado y el que hace que una mujer siga adelante es el trabajo mismo. El trabajo no la ve a una como ser humano. No importa cómo se sienta una o lo que quiera hacer. Domina cada uno de los momentos libres que se tengan, tanto en la casa como fuera de ella. Se está constantemente intentando terminar un trabajo que no tiene fin. Se quiere hacer todo lo que se tiene que hacer en el menor tiempo posible y tener tiempo libre para una misma. Y después de pensar que ya se ha terminado se encuentra que hay algo más. A veces las mujeres renuncian y dejan estar la casa unos días o unas horas. Pero las afectadas son ellas. Y después trabajan el doble para tratar de compensar el tiempo perdido. Siempre se hace lo que se tiene que hacer. Lo que se quiere hacer no cuenta mucho.

La mayoría de las mujeres son muy responsables. Sienten que, como madres y esposas, quieren hacer su trabajo lo mejor posible. Quieren estar orgullosas de sus casas y de sus hijos. No hay otro lugar donde puedan mostrar lo que pueden hacer. Si una mujer es buena administradora se gana el respeto de las otras mujeres y esto es importante para cualquier mujer.

Por lo tanto, no hay necesidad de un capataz o de una supervisora que dirija en la casa. La forma en que vive la mujer y el trabajo que debe hacer es lo que la mantiene a raya. Esta forma de vida es también la que le enseña disciplina. Aprende cuándo decir algo y cuándo quedarse callada. Aprende a hacer cosas sola. Si hay algo que ha de hacerse y su marido no lo hará, lo hace ella. Una mujer con cuatro niños pintó toda la parte exterior de su casa. Decía que no quería esperar otros cinco años a que lo hiciera su marido.

Requiere experiencia

Cada vez que el marido obtiene un aumento de salario, la mujer se dice a sí misma, ahora me alcanzará. Estos pesos extra cambiarán las cosas. Pero, en cuanto él obtiene este aumento, los precios han subido para ponerse a la altura, o él se ha puesto enfermo y ha perdido la paga de un día, o ha habido un "extra". Y aun cuando las cosas se han deslizado bastante bien, vas y te compras lo que has necesitado todo este tiempo y no has podido tener hasta aquel momento. O sea que retrocedes al punto de partida. Casi todas las familias obreras viven al día. Pocas veces se puede apartar algo para una emergencia. Si la familia pierde por cualquier motivo una paga, puede quedar a la zaga semanas enteras. Durante todo este tiempo el ama de casa tiene que arreglárselas como sea. Sucede lo mismo cuando el trabajador está en huelga. Durante semanas y a veces hasta meses ella debe arreglárselas con prácticamente nada. Las esposas de mineros tienen un sistema para almacenar comida y ropa cuando sus maridos trabajan fijo. De esta manera, cuando hay una huelga, pueden vivir durante un tiempo por lo menos con lo que han ahorrado de comida y ropa. Requiere mucha experiencia y entrenamiento aprender todos los trucos y la mujer es la única que está en situación de aprender estos "trucos". En una emergencia pueden recortarse gastos que nunca se pensaba que fuera posible y, como sea, una se las arregla.

La mujer tiene que pasar con lo que gana su marido.
No importa si trae poco o mucho a la casa. Ella tiene
que decidir cuándo cose los vestidos y cuándo los compra hechos. Descubre recetas para hacer comidas económicas que al mismo tiempo tengan buen aspecto y
buen sabor. El modo de vivir de la familia, ya haya
cobradores en la puerta o comida en la mesa, depende de
la cantidad de dinero que el marido le dé a la mujer y
en cómo se administre ella. A pesar de que la mayor
parte de maridos se dan cuenta de que los precios suben,
no saben realmente cuánto requiere mantener una familia. Sólo la mujer que tiene que vivir de lo imposible
por poco sabe cómo manejar la economía.

Toda esta experiencia prepara a la mujer a desenvolverse cuando está sola. La mujer abandonada por el
marido tiene en sus manos una situación bastante difícil,
especialmente si tiene hijos. Se la considera afortunada
si tiene parientes que la ayuden al principio. Pero, en
conjunto, tiene que ser la madre y el padre para sus
hijos. En cuanto al trabajo, no tiene elección. Asume la
responsabilidad de ambos, hombre y mujer. Mantiene
a su familia con lo que gana, que es normalmente
mucho menos de lo que gana un hombre. Dispone de
mucho menos tiempo para estar con sus hijos y a veces
se ha de separar de ellos para poder trabajar. A pesar
de esto, estas mujeres consiguen educar a sus hijos e
iniciarles nuevas vidas. No se sientan en casa a llorar.
Una amiga mía tiene una vecina a quien su marido
abandonó dejándola con un hijo y todas las facturas.
Esta mujer vendió todos sus muebles y, con el dinero,
se fue a Puerto Rico a ver a su madre. Verla significaba
algo. Si lloró nadie lo supo. Dijo simplemente que no
iba a quedarse esperando como una idiota. Nunca había
hecho nada así antes, pero cuando llegó el momento
supo qué hacer.

Llevan simplemente vidas apartes

La mujer se queda en casa sola todo el día. Espera que regrese el marido para contarle lo que ha pasado durante el día, algo que los niños han hecho o dicho que demuestre qué niños tan maravillosos son, o qué día tan pesado ha tenido. Quiere escuchar por lo que ha pasado él y qué piensa de comprar esta u aquella cosa para la casa. Pero la vida del hombre no está en la casa. Cuando llega del trabajo, no quiere hacer nada. A veces ni siquiera quiere hablar de nada. Una espera todo el día a alguien con quien hablar y cuando llega el marido agarra el periódico y actúa como si ni siquiera supiera que existes. Cuando una mujer está en casa todo el día, quiere salir a algún espectáculo o a dar una vuelta en coche el domingo por la tarde. Pero durante la semana el marido regresa exhausto e incluso los fines de semana prefiere a veces quedarse en casa y descansar. Ha estado lejos de la casa casi todas las horas que ha estado despierto. Ahora es la oportunidad para él de sentarse. Las mujeres tienen necesidad de compañía y comprensión de las que los hombres no saben nada.

Si no existe este entendimiento entre hombres y mujeres sobre sus trabajos y necesidades humanas, no es sorprendente que muchos matrimonios no prosperen en sus vidas sexuales, la fase más delicada de su relación. Las mujeres están muy alejadas de sus maridos, las personas de las que deberían estar más cerca. Llevan simplemente vidas aparte.

Las mujeres se conocen entre sí

Si las mujeres no pueden recurrir a sus maridos, entonces recurren a las otras mujeres. Se conocen y se comprenden unas a otras por el hecho de llevar vidas tan similares. En el vecindario, algunas mujeres llegan a sentirse muy cerca de otras. Estas mujeres en un patio

o en una calle se ayudarán unas a otras cuando lo nece-
siten y harán que el tiempo del día corra más rápido.
Hablan de cosas que ni soñarían contar a sus maridos,
aun cuando las escucharan. ¿Quién puede decirle a un
hombre cómo quiere arreglar la casa o qué es lo que
quiere comprarles a los niños? Temas como los problemas con el marido o problemas económicos son "propie-
dad común". Las mujeres discuten las cosas que afectan
sus vidas: si tener hijos o no tenerlos y cuántos tener,
cómo ahorrar dinero en ropa, utensilios y comida, que
almacenes tienen los precios más bajos, el mejor método
de control de natalidad, problemas sexuales, ir a trabajar. En estas discusiones se resuelven muchas cosas. Las
mujeres adoptan nuevas actitudes como resultado de oír
hablar a otras mujeres. Excluirán a alguna del grupo
cuando no hace lo que se espera de ella. Una madre que
descuida a su hijo o no cuida de la casa sin excusa para
ello, carecerá del tiempo y la confianza de las otras
mujeres.

Algunas personas llaman a esto chismorreo pero es
mucho más que esto. Las mujeres rompen con el aislamiento de la casa creándose fuertes vínculos con otras
mujeres. Es la única vida de grupo que puede tener un
ama de casa y la aprovecha al máximo. La misma existencia de estos vínculos con otras amas de casa es una
condena de las relaciones que la mujer tiene con su marido, con su trabajo, y con toda la sociedad. Las mujeres
se reúnen, hablan y, en cierta manera, viven juntas. No
pueden recurrir a nadie más que a ellas mismas. Este
es por fin un lugar en el que pueden decidir con quién
estarán, dónde estarán y qué harán. Nadie se interpon-
drá en el camino.

El mejor momento de la semana en mi patio es el
viernes. Todo el mundo limpia su casa el viernes para
tener menos quehacer durante el fin de semana. Después de terminar, en la tarde, una de nosotras va a comprar cerveza y nos sentamos y hablamos, descansamos
y comparamos notas. La sociabilidad está en su punto

máximo y todas nos sentimos más relajadas cuando el trabajo está hecho. Hay un sentimiento de intimidad y de broma que sólo se puede obtener con estas personas que te conocen y aceptan en tus propios términos. Así es como están organizadas las mujeres. Con la experiencia que tienen en manejar las cosas y con la ayuda de las otras mujeres en su grupo saben qué hay que hacer cuando quieren emprender una acción. Las mujeres de un plan de viviendas en San Francisco se unieron para detener el alza de los precios. Vieron que el gobierno no estaba haciendo nada y tomaron en sus manos el asunto. Convocaron reuniones y manifestaciones y repartieron panfletos. Ninguna persona lo organizó. Después de haber vivido con sus vecinas durante tanto tiempo en un plan de viviendas, se conocían íntimamente unas a otras, las debilidades y la fuerza de cada una. Las mujeres sacaron las listas de precios de cada uno de los almacenes de la ciudad y compraban sólo en los que tenían los precios más bajos. Toda la ciudad estaba enterada del *"Mama's OPA"* y los periódicos sacaban muchos artículos al respecto.[1]

Muchas veces las amas de casa emprenden acciones que nunca salen en los periódicos. Ponen barricadas en la calle para que sus hijos tengan un sitio para jugar. La policía no puede disolverlas con bombas lacrimógenas. Las mujeres se van pasando unas a otras la consigna de que en un día determinado·ninguna mujer va a comprar carne. Detendrán a cualquier mujer desconocida en la calle para decirle "Ese día no compres carne". Las mujeres se conocen tan bien entre ellas que pueden hablarle a otra totalmente desconocida y estar seguras de que las va a entender. Las esposas de los mineros hicieron una huelga para protestar de que la compañía vendiese sus hogares y en otra ocasión para protestar por

---

[1] Este nombre es el del departamento del gobierno que supuestamente iba a controlar los precios durante la segunda guerra mundial: the Office of Price Administration, OPA.

el polvo en el aire de las ciudades mineras. Obtuvieron el apoyo de sus maridos en ambos casos. Se negaron a romper las líneas de piquete que ellas habían formado. Las mujeres actúan en grupo porque se las trata como si lo fueran. En conjunto, viven la misma vida sin importar las diferencias que pueda haber en sus situaciones individuales.

Una nueva relación

La organización más universal de las mujeres es la acción que llevan a cabo en sus casas. Cada mujer está haciendo una revolución en su casa. Hay mujeres que no dicen mucho a sus maridos o a las otras mujeres. Pero, cuando llega la hora de manifestarse, nada las detiene y hacen lo que saben que hay que hacer. Otras mujeres discuten con sus maridos para obtener lo que sienten que deberían tener. Estas discusiones para la mujer tienen un significado. No discute *simplemente* con su marido. Le está manifestantando a él, y lo que es aún más importante a ella misma, que tiene ideas y deseos propios. Las mujeres están constantemente diciéndoles a los hombres, como pueden, que es imposible continuar como antes. Es este espíritu de independencia y autoestima que los hombres admiran en las mujeres, aun cuando se dirija contra ellos. Admiran a la mujer que se planta y no permite que su marido pase por encima de ella. La mujer que no se resigna a lo que le haga su marido se gana el respeto de las otras mujeres y el de su marido también.

Las mujeres se niegan cada vez más a ser simplemente máquinas para criar niños y hacer que sus maridos trabajen. Exigen más a sus maridos de la relación. Si el hombre no puede cambiar, se separan de él antes que seguir viviendo con un extraño. En la actualidad se acepta el divorcio porque las mujeres lo han hecho aceptable. Es obvio que no es un hombre individual el implicado. Hay demasiados divorcios para que fuera así. Cuando una mujer se divorcia, a pesar de que esto adopta la forma de una lucha contra un hombre en concreto, es un acto de oposición a toda la forma de vida que hombres y mujeres tienen que llevar hoy.

Las mujeres luchan contra el papel que los hombres desempeñan en la casa. Esto no tiene nada que ver con qué tanto ayuda un marido a su esposa o qué tan bueno es con los niños. Sin importar lo que un marido intente comprender los problemas de la mujer, sin importar si se llevan bien, las mujeres pelean contra la forma en que se ven obligadas a vivir y quieren establecer un nuevo modo de vida.

LA MUJER TRABAJADORA

Una de las formas en que las mujeres manifiestan su rechazo del papel que tienen en la sociedad es saliendo a trabajar. Hoy trabajan muchas mujeres que antes no habían trabajado nunca. Saliendo a trabajar, las mujeres han cambiado sus relaciones con sus maridos e hijos. Junto con esto, se han planteado nuevos problemas para resolver y han encontrado soluciones nuevas.

Las mujeres han ensanchado sus experiencias de tal manera que saben lo que piensan y hacen grupos numerosos de personas. Hoy en día, cada vez menos mujeres son únicamente amas de casa. La mayor parte, en un momento u otro, salen a trabajar. Algunas trabajan sólo unos meses al año. Otras trabajan fijo. En cualquier caso, tienen una imagen del mundo que antes no tenían.

Algunas de las mujeres con las que he trabajado dicen que lo hacen porque no les alcanza con lo que ganan sus maridos. Esto es cierto especialmente en las familias en las que el hombre no tiene un negocio y sus salarios son bajos. Pero cada vez es más cierto en todos los casos. Además del alto costo de la vida, hay otra razón por la que es difícil que alcance sólo con una paga. Las mujeres exigen mucho más de lo que acostumbraban. No quieren sufrir otra vez el horrible sentimiento de estar sin un centavo que tuvieron durante la depresión. No quieren lavar la ropa a mano cuando, con un poco de dinero extra, pueden disponer de un equipo moderno en sus casas. Ahora todo es moderno y las mujeres quieren los utensilios más modernos en su trabajo. Lo único que se puede hacer casi con una paga es existir.

Cuando se vive con un presupuesto reducido, la mujer es la que debe soportar la parte más dura. Tiene que recorrer largas distancias para ir de compras. Cuando es necesario pasar sin algo, generalmente ella es la primera en olvidar sus necesidades.

Una de las mayores necesidades económicas de la mujer es tener un poco de independencia económica. No quieren preguntarle al marido antes de gastar dinero. Quieren tener dinero suyo. Poder comprar cortinas nuevas cuando las viejas están todavía bien pero se está cansada de verlas es un lujo que la mayor parte de las mujeres no se pueden permitir pero que todas quieren. La paga que te da tu marido, aunque tú trabajes tan duro como él para conseguirla, nunca es realmente tuya, aun cuando se te entregue para satisfacer las necesidades de la familia. Estas necesidades que tienen las mujeres nunca pueden ser satisfechas con el dinero que sólo el trabajador trae a la casa.

La mujer que sale a trabajar a una fábrica tiene un sentimiento de independencia no sólo acerca del dinero que se gasta sino también sobre las decisiones que se toman en la casa. Si se ayuda a mantener la familia, se tiene más derecho a decidir no sólo qué es lo que se va a hacer con el dinero de la familia, sino que entonces se quiere tener más participación en otras cuestiones que surgen en la familia y que el marido ha decidido siempre hasta entonces. Un hombre, en concreto, estaba tan sorprendido con los derechos que su mujer asumió después

de haber empezado a trabajar que le dijo que se queda-
se en casa. Se llevaban mejor así, le dijo.
No es sólo en cuanto a las decisiones que la mujer se
siente más independiente. Cuando la mujer trabaja sabe
que no tiene que conformarse con muchas cosas de su
marido. Si él se pasa de raya con la bebida o saliendo
con otras mujeres, ella se opondrá y lo dejará más rápido que antes. Calcula que ahora, si tiene que hacerlo,
podrá mantenerse a sí misma.

Una de las cosas que impulsa a las mujeres a emplear-
se es el aburrimiento y la soledad que tendrían que vivir
si se quedasen en casa. Las mujeres quieren estar con
otra gente. Comparada con la de su marido, ella lleva
una vida aislada en la casa sola consigo misma. La única
compañía de que dispone cuando está en casa es la radio
y el teléfono. En la fábrica por lo menos se trabaja con
otra gente y se puede escapar del aburrimiento y la soledad que representa la vida casera.

Lo que más lamenta la mujer cuando sale a trabajar
es dejar a sus hijos. Es cierto que también quiere apar-
tarse de ellos un tiempo, pero no le gusta dejarlos con
quien sea. La mayor parte del tiempo no se sabe si están
bien cuidados. Si son mayores, no se sabe con quién
andan y en qué emplean el tiempo. Si el niño está en
una guardería, puede preguntársele a la maestra cómo
va el niño. Casi siempre responderá, "Muy bien", pero
eso es todo. No se sabe realmente cómo se les trata o
qué clase de cuidado se les da. Una siempre piensa que
el niño hace lo que debe de hacer pero cuando se trabaja, nunca se está segura.

Existe también el problema de dónde dejar al niño
cuando se trabaja. Muchas mujeres separadas de sus maridos y con hijos pequeños, tienen que internarlos. Echan
de menos a sus hijos que parecen crecer sin ellas. No
tienen mucho poder de decisión sobre la forma en que
se les educa. Otras mujeres prefieren depender de las
vecinas a las que conocen más que de una guardería
sobre la que saben poco o nada. El motivo de que mu-

chas mujeres no salgan a trabajar en absoluto, es porque no tienen a nadie de confianza para que cuide a sus hijos.

Donde ella quiera estar

Las mujeres quieren poder decidir si van a trabajar o no. Si un hombre le dice a una mujer que trabaje, generalmente ella no lo hará. Lo que piensa es que si ella trabaja cuando él se lo dice entonces él se acostumbra y a veces deja de trabajar regularmente. Cree que ella lo debe mantener. Una mujer que yo conozco tuvo que dejar de trabajar porque su marido creía que podía salir a jugarse el dinero que ella estaba ganando. Por otra parte, si el marido le dice que no trabaje, no significa que ella se quede en casa. Cuando una mujer va a trabajar no siempre es con la aprobación del marido. Muchos hombres resienten que sus mujeres trabajen. Utilizan como excusa el hecho de que los niños deben quedarse en casa con su madre. También dicen que no pueden ayudar a sus esposas con los niños y con la casa y las compras. Otros harán la situación tan insoportable descargando todo el peso en sus mujeres que finalmente éstas se ven obligadas a renunciar al trabajo.

Las mujeres deben luchar contra esos hombres que creen que el lugar de la mujer es la casa y ahí es donde deben estar. Estos hombres son los que no quieren que sus esposas tengan ninguna independencia, y quieren ser los únicos que aporten dinero para seguir siendo los únicos que decidan en sus casas. Cuando una mujer va a trabajar, ellos saben que se convierte mucho más en una persona por derecho propio. Las mujeres han demostrado a estos hombres que el lugar de la mujer es donde ella quiera estar.

Las mujeres que quieren seguir trabajando y cuyos maridos no, no les cuentan lo duro que es el trabajo. Se guardan todo esto para ellas solas. Una mujer que trabaja con nosotras tiene que luchar para seguir trabajando. Tiene una hija de catorce años y dice que no hay nada que la retenga en casa. Su marido, un profesional, que gana bastante dinero, le pide constantemente que renuncie al trabajo. Ella nunca da muestras de su cansancio cuando llega a casa y no puede permitirse pedirle a su marido que la ayude porque la haría abandonar el trabajo.

Hay bastante diferencia en el sentimiento hacia las mujeres que trabajan entre las que tienen que trabajar y las que lo hacen porque quieren. Si una mujer trabaja porque quiere, no tiene que soportarle tantas cosas a la empresa y puede decirle al jefe que se vaya al diablo con su empleo, como dice una vecina mía. Cuando se cansa de trabajar, sabe que puede irse, y aun cuando no se vaya, el solo hecho de que puede hacerlo la vuelve más independiente de la empresa.

Las mujeres que tienen que trabajar, las que viven solas y tienen que mantenerse a sí mismas y a veces a sus padres, o las mujeres divorciadas que mantienen a sus hijos, tienen que seguir con su empleo sin importar cómo se sientan o qué tengan ganas de hacer. Cuando estas mujeres se cansan de trabajar, siguen simplemente trabajando. No tienen elección. La empresa se aprovecha generalmente de todas las ventajas de esta situación y sabe que puede contar con estas mujeres para el trabajo en sábados y horas extraordinarias. Cuando se pagan diez o quince dólares sólo por la guardería, cada centavo cuenta.

El trabajo de la fábrica es fácil a veces para las mujeres, es decir, no es físicamente pesado. Pero, como todo trabajo de fábrica, es aburrido y monótono. En algunas industrias es físicamente duro. Se siente en cada uno de los músculos que se han utilizado en la jornada de trabajo. Lo importante, sin importar qué clase de trabajo se haya hecho, es la gente con la que se trabaja. Si el trabajo es fácil pero aburrido, entonces están las otras mujeres para hacer pasar el día. Si el trabajo es duro, la única cosa que te mantiene en funcionamiento son las otras mujeres que están haciendo lo mismo que tú y pasándolo contigo. No es el trabajo, tan importante para una, lo que hace soportable la vida de la fábrica. Es la gente con la que se trabaja y que a una le importa. Siempre sucede algo en la planta. O bien una empieza a contar un chiste o a hacer payasadas o se tiene una pelea con el capataz, hombre o mujer. Siempre hay alguna discusión sobre algo y todo se comenta. Problemas sexuales o temas de actualidad, el trabajo de la casa y cómo controlar a los niños, nuevos pasos de baile y los últimos estilos, el control de precios y la vivienda, formas de perder o ganar peso. De cualquier cosa que se quiera hablar, siempre hay alguien con quien hacerlo. A las muchachas les atañen los sentimientos e intereses de cada una.

A diferencia de la empresa, las muchachas se interesan unas por otras. Cuando falta alguna, se la echa de menos y generalmente alguien llama por teléfono para averiguar qué le ha sucedido. Si a alguna en concreto le pasa algo verdaderamente grave, entonces su grupo más inmediato de amigas empieza a recolectar dinero para comprarle algo o dárselo para que pague las cuentas extra. Las muchachas dan generosamente su tiempo y su dinero. Si alguna no se siente bien un día, las otras o amigas especiales trabajan a doble velocidad para compensar el trabajo de ella de modo que no pierda tiempo de su trabajo. La empresa nunca se preocupa del individuo. Espera, haya rayos o truenos, la misma cantidad de trabajo cada día. Las muchachas son las únicas que se preocupan unas de otras y te ayudan cuando lo necesitas.

De ahora en adelante, juntas

Cuando una mujer regresa por la noche del trabajo a casa, es bastante diferente a cuando un hombre regresa del trabajo. En cuanto llega a la casa, empieza a trabajar de nuevo. La mujer casada, especialmente si tiene hijos, nunca puede darse el lujo de sentarse y no hacer nada. Hay que hacer la cena y preparar la mesa, lavar los platos, bañar a los niños y meterlos en la cama. Tiene dos empleos. Es madre y ama de casa de medio tiempo y asalariada de tiempo completo. El fin de semana, que el hombre lo aprovecha para descansar, para ella pertenece a la casa. Y se han de hacer entonces todas las cosas que se han dejado por hacer durante la semana.

Trabajar y tener una familia es una dura carga. Independiente de lo que ayude el marido o qué tan considerado sea, el peso principal de la casa recae en los hombros de la mujer. Sólo porque una mujer vaya a trabajar no significa que deje de ser un ama de casa.

La mujer tiene mucho más en común con su marido cuando ella trabaja que cuando se queda en casa. Hay más cosas de que hablar con él que las que había antes. La barrera principal, sin embargo, sigue ahí y todavía es más fácil hablar con otras mujeres que con el marido. A pesar de todo, las cosas han cambiado definitivamente en la pareja. Por primera vez, dice la mujer, no estás manteniendo esta casa. *Estamos.* Y las cosas tendrán que ser en plural de ahora en adelante.

Las mujeres de los sindicatos y las empresas

El sindicato y la empresa aparentan ser justos poniendo a mujeres en trabajos de supervisión. Los jefes de departamento en las tiendas y los funcionarios en el sindicato son con frecuencia mujeres. Las cabecillas de la empresa y las capataces se eligen de entre las obreras de la planta. Pero en cuanto se las saca de la línea de ensamble, las muchachas se olvidan de las demás y se convierten en agentes del sindicato o de la empresa, oponiéndose con frecuencia a las obreras. Las cabecillas comen generalmente juntas, salen juntas y se consideran mejores que el resto. Actúan exactamente igual que los supervisores hombres. Pero utilizan el hecho de ser mujeres para tratar de ganarse la confianza de las demás a fin de obtener una mayor producción y mantenerlas a raya.

A una de las capataces de mi planta, el supervisor le pidió obtener el doble de producción. Ella dijo que nunca les haría esto a las muchachas y estuvo días llorando como una niña. Nunca cayó en la cuenta de que la única manera de conseguir que el supervisor dejara de presionarla era hacer que las muchachas protestasen. Lo manejó ella sola y a los pocos días estaba exigiendo a las muchachas que produjeran, esgrimiendo la excusa de que la habían presionado a hacerlo. La mayoría de las mujeres piensan que cuando una mujer consigue ser el jefe es peor que un hombre. Las mujeres que entran de jefes utilizan constantemente el hecho de ser mujeres para poner en raya a las mujeres. Las funcionarias del sindicato hacen lo mismo.

Los obreros hablan sobre la separación que existe entre el sindicato y los hombres. Si esto es cierto de los sindicatos de hombres, es doblemente cierto de los de mujeres. A muchas mujeres les parece que lo úncio que hacen es recolectar las cuotas y mantener en forma a las muchachas para la empresa. Las tarifas de entrada no son ni mucho menos proporcionarles a lo que ganan las mujeres y las cuotas son igualmente altas. En algunas tiendas nadie sabe quién es la jefa y a muy pocas les importa. Sin embargo, las muchachas defenderán el sindicato si la empresa lo ataca. Saben, a pesar de todo, que si ha de lograrse algo, tendrán que hacerlo ellas mismas.

La mayor parte de las mujeres ven el trabajo como seis de esto y media docena de lo otro. Si es la alternativa a quedarse en la monotonía de la casa, piensan que vale la pena trabajar. Algunas mujeres anhelan que llegue el día en el que puedan permitirse quedarse en casa. Cuando llega el día abandonan la planta para regresar enseguida la mayoría de las veces. Después de haber trabajado fuera, aunque sólo haya sido por un

tiempo, es duro regresar a la casa. Esto es lo que les
sucedió a muchas mujeres que trabajaban en las industrias de defensa durante la guerra. Después de la guerra,
muchas fueron despedidas pero algunas se quedaron.
Las que fueron despedidas y muchas, muchas más mujeres que nunca habían trabajado antes se están convirtiendo en trabajadoras. El lugar de la mujer se está convirtiendo en aquel donde ella quiere estar.
No es que las mujeres disfruten de trabajar. *No les
gusta ni el trabajo en la casa ni en la fábrica.* Pero, comparado con ser "simplemente un ama de casa" la mayor
parte de las mujeres sienten que hasta la fábrica es pre-
ferible. Mi vecina se puso a trabajar para ganar dinero
en Navidad y porque quería alejarse de la casa por un
tiempo, pero el dinero para la Navidad fue la excusa
que le dio al marido. Su hijo de tres años se queda con
sus padrinos y así su marido no se queja de que trabaje.
De vez en cuando dice que va a dejar de trabajar pero
no puede decidirse a hacerlo.

Toda mujer lo sabe

Las mujeres están demostrando cada vez más, a través
de todas sus acciones, que no pueden seguir como antes.
Ya no confían en que realmente funcione lo que se supone que funciona, o en que lo que se supone que son
sus vidas deba serlo. Sus maridos, sus hijos, su trabajo,
todo entra en conflicto con ellas. Cada cosa que hacen,
cada decisión que toman, sienten que posiblemente funcione. El matrimonio, los niños, la casa, ninguna de estas cosas son ya seguras para las mujeres.
Las amas de casa que antes nunca habían trabajado
esperan a que sus hijos sean mayores para buscar un
empleo. Las mujeres que siempre han trabajado anhelan que llegue el día en que puedan finalmente renunciar al trabajo. Matrimonios que han durado veinte años
se están rompiendo. Parejas jóvenes, después de seis

meses de matrimonio, deciden que es mejor separarse antes de que los niños sufran. Las jóvenes que terminan la escuela secundaria, en vez de casarse corriendo, buscan un empleo y un departamento para ellas y viven independientemente.

No es que las mujeres no quieran ser esposas y madres. Quieren y necesitan a los hombres para compartir su vida con ellos y toda mujer quiere tener hijos. Pero piensan que si no pueden tener una relación humana, no tendrán ninguna relación. Las mujeres pasan de estar casadas a estar divorciadas, de ser amas de casa a trabajar fuera, pero en ninguna parte ven las mujeres el tipo de vida que quieren para ellas y sus familias.

Las mujeres están descubriendo cada vez más que no hay otra salida más que un cambio total. Pero ya tienen algo en claro. Las cosas no pueden seguir como hasta ahora. Toda mujer lo sabe.

MATERNIDAD Y ABORTO *

NOTA DE ACTUALIDAD

Las mujeres que se autodenuncian en masa por haber abortado, como está sucediendo en Francia, Alemania y otros países en nuestros días, es una de las formas de lucha que está experimentando la rebelión femenina a nivel mundial para rasgar los velos con que se han cubierto siempre esta historia del aborto.

En cuanto a nosotras, mujeres del Movimiento de Lucha Femenina, así como sentimos la necesidad de aclarar hasta el fondo los términos de nuestra participación en la lucha por el aborto, sentimos también la necesidad de aclarar los términos de esta historia del aborto tal y como ha sido impuesta hasta hoy.

Comenzamos en primer lugar por denunciar que el mismo sistema que nos ha PROHIBIDO abortar, nos ha OBLIGADO a abortar y continúa obligándonos a abortar en todos los casos en que las condiciones de vida y de trabajo incluidas truncan la posibilidad de un embarazo incluso deseado, ya consistan estas condiciones en la falta de un salario adecuado o en la pobreza del salario del marido, la angustia y la insalubridad de la casa o la nocividad de la fábrica.

Merece la pena comenzar a recoger las firmas de todas las mujeres a quienes las condiciones de trabajo han arrancado al hijo del seno. Hagamos, pues, inmediatamente también esta *denuncia masiva contra los patrones* que nos han *obligado a abortar*.

---

* El siguiente documento, elaborado y difundido por el Movimento di Lotta Femminile de Padua en junio de 1971, vuelve a publicarse mientras los políticos italianos debaten sobre el referéndum a favor o en contra del divorcio, dando muestras una vez más de su distanciamiento galáctico de los problemas reales de las explotadas y de los explotados.

Y después, reconstruyamos un poco la historia.

A partir del momento en que, como hemos precisado en un primer documento, se ha aislado a la mujer en la casa, alejando del hogar durante toda la jornada a los otros miembros de la familia, se ha comenzado a contarle a la mujer que a través de la "maternidad" lograba el cumplimiento de "su destino fisiológico".

Esta era "su vocación natural" —se le decía— porque su organismo estaba "orientado" a la perpetuación de la especie. Pero, ateniéndonos a todos los resultados, la función reproductiva nunca ha estado encomendada sólo al azar y a la naturaleza y, por lo tanto, hablar de la "Naturaleza" del destino apesta ya, en primer lugar, como definición y, en segundo lugar, apesta todavía más cuando se constata que todo este destino tan natural se descarga *sic et simpliciter* en las espaldas de la *mujer sola*.

A nosotras, aun cuando hemos crecido por la fuerza de las cosas, como decíamos en el primer documento, mucho en belleza, más en virtud y poco en sabiduría, nos consta que para hacer un hijo es necesario también un hombre. Una mirada rápida a cómo han ido históricamente y van las cosas que tan naturalmente deberían explicarse, nos ha permitido advertir:

i. Cuanto con más empeño se ha visto a la mujer como madre, tanto más se le ha negado como persona, como individuo. O sea, se ha conseguido adjudicar la maternidad a la mujer (entendida como cuestión relativa no sólo a la *concepción* sino a la *responsabilidad* misma de la *educación de los hijos*) en la medida en que se ha logrado *castrarla sexualmente* y *excluirla de la vida social*.

ii. Construida y agotada así su personalidad y sexualidad como *maternidad*, la han obligado a hacer funcionar esta misma maternidad conforme a las exigencias del mercado de la fuerza de trabajo y del control político, exaltando o aniquilando con la misma desenvoltura su función de madre.

Para citar sólo algunos ejemplos, la práctica de la esterilización en masa de las mujeres en Puerto Rico aumenta en 1930 cuando los médicos la impulsan como único medio contraceptivo; en 1947-48 fueron esterilizadas el 7 % de las mujeres. Esto sucedió en un país extremadamente pobre al que el capital norteamericano había destinado a ser una colonia, fuentes de altos beneficios y al mismo tiempo ejemplo de la magnanimidad norteamericana.

Estas mismas portorriqueñas fungirían después como conejillos de indias para experimentar la píldora contraconceptiva, antes de lanzarla al mercado estadounidense.

En los Estados Unidos han sido esterilizadas continuamente, sin ellas saberlo, las mujeres negras cuando acudían a los hospitales para abortar o por alguna necesidad ginecológica. Consecuencia: prefirieron abortar y dar a luz sin asistencia médica. No es un misterio para nadie cómo cosas de este género se han programado desenvueltamente para los problemas del crecimiento demográfico también en Asia, en América Latina y en el Tercer Mundo en general.

Y esta no es más que la forma más evidente de una generalidad política (no siempre tan fácil de reconocer) sobre el control de la función reproductiva de las mujeres y, a través de esto, del mercado de la fuerza de trabajo. La utilización del término "superpoblado" abarca no sólo el genocidio a través del hacer morir de hambre, sino el cálculo de la población *sólo en relación* al grado de inversión del capital y la consiguiente necesidad de fuerza de trabajo.

III. El *retraso* con que aparece la *investigación anticonceptiva* en la escena científica, después de que ya se habían descubierto y perfeccionado métodos anticonceptivos que la *Iglesia* oportunamente contribuiría a zan-

jar, nos remite al paralelo con la cocina norteamericana; se nos quiere brindar como el último descubrimiento tecnológico lo que no es digno siquiera de los albores del desarrollo tecnológico. Este retraso ha sido solamente el *enésimo engaño* de la *ciencia* y del *poder* que ejerce sobre *nuestra piel*. Si hoy todavía tenemos necesidad de recurrir al aborto, esto nos lleva a acusar una vez más la monstruosa deficiencia y el retraso no casual de esta investigación.

IV. La *orientación* de la *investigación anticonceptiva*, que siempre ha utilizado y utiliza a las mujeres como primeros conejillos de indias del experimento, y cuyos resultados continúan siendo destinados sólo a las mujeres, confirma, por un lado, la discriminación por la que allí donde entra en juego una *cuestión de sexo* el "problema" sea "femenino" y por la que la *concepción* sea un "asunto de mujeres"; por otro lado, esta orientación ha sido una vez más un *instrumento de control de la sexualidad femenina* porque, al determinar los métodos del control de la natalidad, se determinan en consecuencia los *términos de la relación* entre hombres y mujeres, y entre las mujeres y la sociedad en conjunto. Si en algún momento han tenido necesidad de un gran número de mujeres como fuerza de trabajo han estado prontos rápidamente a darnos una variedad de eficaces (si bien bárbaros) métodos de control de natalidad.

V. Por este motivo, el *aborto*, aun constituyendo *la única alternativa posible a la deficiencia* de una investigación anticonceptiva, está PROHIBIDO a nivel casi mundial.

En algunos países se concede como "terapéutico" (o sea, se reduce a tener médicos psicólogos y sociólogos que te declaran delicada de salud, un poco débil mental y en condiciones económicas desastrosas).

Es decir, nunca en ningún lugar se reconoce a la

mujer el derecho de decidir si quiere y cuándo ser madre y, por lo tanto, vistas las condiciones expuestas más arriba, a decidir abortar en base a su voluntad.

LA PROHIBICIÓN DEL ABORTO ES UN FENÓMENO TAN DIFUNDIDO QUE REQUIERE CONSIDERAR EL ABORTO COMO UNO DE LOS RIESGOS IMPLÍCITOS A LA CONDICIÓN FEMENINA. Queremos añadir que el riesgo al que aludimos no consiste en el "grave riesgo" al que alude el código penal: porque en realidad, como ya se han rendido a admitir ahora hasta los médicos más reaccionarios, el aborto llevado a cabo en una clínica con la *asistencia médica debida* y con *anestesia* es *mucho menos arriesgado que un parto*. El riesgo reside en las condiciones en que se está obligado a abortar al tener que hacerlo *ilegalmente*.

VI. En cuanto al "problema moral" no valdría siquiera la pena detenerse en la amenidad mostrada por la Iglesia Católica para mantener esta prohibición del aborto y que va desde las disquisiciones sobre cuándo el feto empieza a tener un alma y sobre (cuestión todavía más antigua) si los fetos femeninos tienen un alma. Por lo tanto, puede deducirse que en el caso de que se hubiese podido ver en el útero si el que iba a nacer era macho o hembra, la Iglesia hubiese autorizado los abortos de fetos femeninos.

El disgusto que experimentamos al recorrer esta literatura eclesiástica, hace que demos por terminada aquí inmediatamente la cuestión del problema moral. Para quien quisiese profundizarla, los periódicos del movimiento femenino han empezado a recoger cada vez más florilegios de esta literatura.

VII. Denunciamos, en vez de esto, que incluso la concesión del *aborto terapéutico* como concesión graciosa

dentro de la prohibición general absoluta, ha funcionado y funciona esencialmente como *enésimo instrumento
de discriminación de clase*: de hecho, sólo las mujeres
cuya posición social les·da un cierto poder consiguen
encontrar *rápidamente* (léase: *a tiempo*) y hacer uso
de las declaraciones médico-sociales necesarias para la
concesión del aborto terapéutico.

Para las demás, es casi imposible apoderarse de tales
declaraciones y se convierten en las primeras víctimas
de aquel sadismo social que, comprendido en un aparente liberalismo, quiere mantener, a costa nuestra, el
derecho de decidir si y cuándo las mujeres deben ser
madres. Y el médico funciona como elemento primordial de este sadismo social.

viii. Pero llegado el momento, forjado el *hijo a costa
nuestra*, vemos hasta el fondo el verdadero rostro del
sistema.

Las que no han conseguido abortar tienen el hijo.

Las que no han conseguido abortar, en general, como
hemos dicho, pertenecen a los estratos más proletarios.

Sin embargo, una vez nacido el hijo, una vez consu-
mada la intención represiva, el mismo Estado que te
ha obligado a la maternidad, se sacude de las espaldas
toda responsabilidad: "y tú haces lo que quieras para
mantenerlo."

A lo sumo te da 5 000 liras mensuales para el primer
año de vida y 2 500 hasta los cinco años.

Y, claro está, quien tiene necesidad de 5 000 liras al
mes no mantiene a nadie con 5 000 liras al mes. El
hijo va a dar al orfelinato.

Llegado este momento, el Estado vuelve a aparecer.
No para ayudar a la madre, obviamente, ni mucho menos al niño, sino para construir una *empresa*. Las 5 000
liras destinadas a la madre se transforman inmediatamente en 45 000 destinadas a cada uno de los niños
de los institutos para la infancia abandonada. Y note-

mos que estos institutos están regidos casi todos por la
Iglesia. Y notemos —los periódicos de estos últimos años
están llenos de noticias que van al fondo del asunto—
cómo se educa allí a los niños. Desnutrición, violencia, sadismo de todo género.

Se educa a los destinados a las *órdenes religiosas menores* a la *subocupación,* a la *emigración,* al *reformato-
rio,* y a las *cárceles.* Denunciamos y luchamos también
contra la *Iglesia* como *brazo derecho de esta empresa.*

IX. Las que con la bendición de Dios y el consenso
del sistema (sobre este consenso no viene al caso pro-
longarse más) dan a luz y logran tener un hijo, las
que tienen un *trabajo* y un *hogar,* después de haber
crecido en una atmósfera fragante de exaltación de la
maternidad, ven sellada la conquista contractual. de la "licencia de parto" en forma de "ausencia por enfermedad".

Una maternidad entendida, obligada y exasperada
como función reproductiva de la fuerza de trabajo no
consigue tampoco acabar su camino bellamente y, entre
la mujer que se ausenta del trabajo y la mujer que da
a luz, la merma en la ganancia derivada de la ausencia de la primera impide dar una connotación más "productiva" a la licencia misma de maternidad. Se trata
todavía de "enfermedad".

CONCLUSIONES

También nosotras, como todas las mujeres, nos encontramos por lo tanto ante la necesidad —urgentísima por
lo demás para todas— de organizar la lucha por el
aborto, visto que el nivel de la investigación médica
no nos permite decir simplemente que luchamos por
una *difusión libre y gratuita de los sistemas anticonceptivos.*

Al decir esto no nos contentamos ciertamente con la píldora, ni con las inyecciones, ni con los otros sistemas químicos y mecánicos, etc., con todo el porcentaje de peligro que contienen todavía, del que somos perfectamente conscientes, y que el desarrollo de la ginecología —sumamente bajo y no por casualidad respecto a las otras ramas de la medicina— ha hecho muy poco por resolver. Nos vemos por esto obligadas como objetivo mínimo inmediato a organizarnos también para el aborto, entendiendo que nos organizamos no para la demanda de un tipo específico de aborto "terapéutico" que no haría más que proponer de nuevo y agravar las discriminaciones de clase que ya existen sino por un aborto *libre y gratuito (con anestesia)* accesible a todas.

Al mismo tiempo denunciamos, sin embargo, el hecho de que en realidad hasta ahora la ilegalidad del aborto ha funcionado como el gran *pilar de una empresa de carne humana* en la medida en que ha sido un método para *retardar* o desalentar directamnete la investigación de los sistemas antifecundativos que no perjudicasen a la salud biopsíquica de las mujeres.

Y no sólo esto, sino que la ilegalidad del aborto ha sido la base sobre la cual construir y articular esta empresa directamente en el sentido de una *selección* sobre *la cual concentrar* los abortos y concentrar, por lo tanto, la *organización* de la *ilegalidad-legalidad* sobre la cual hacer proliferar o bien al médico con las primeras armas o al granuja universitario que tiene que procurarse la clientela para las clínicas privadas.

En realidad, porque hemos comprendido todo esto hasta el fondo, nuestra lucha a este respecto es ante todo una lucha contra todas las estructuras sociales y de poder que lo han permitido, que han querido que lo suframos en carne propia. Digamos ahora, en seguida y claramente desde el principio, que nosotras cambiamos el signo de esta lucha:

El problema no es abortar.

El problema es tener la posibilidad de ser madres

todas las veces que queramos serlo. *Sólo las veces* que queramos pero *todas las veces* que queramos.

Si en la actualidad las mujeres proletarias del sur tienen quince hijos y las mujeres de clase media consiguen de alguna manera tener solamente dos o tres, nuestro fin último *no es* este *mísero privilegio de no tener hijos.*

Bien mirado han comenzado igualmente a darles estas píldoras mal hechas, estas inyecciones que no funcionan, y nos darán también algo mejor y también el aborto entre todo esto mejor.

El hecho es que si esto quiere decir, y no quiere decir nada más que esto: "Regúlate un poco. Si ganas 100 000 liras ten un hijo, si ganas 150 000 puedes tener hasta dos", nuestra respuesta es inmediatamente que *no estamos de acuerdo.*

Nosotras no estamos de acuerdo ya desde ahora, inmediatamente, porque esta cuenta en la que se da por descontado cuánto ganamos nosotras o el marido y que en base a ello deberemos planificar los hijos es una cuenta que se ha de revisar, que se ha de rehacer totalmente.

Si cierta literatura que ha comenzado a circular ha invitado a las madres, y en especial a las madres europeas, a una responsabilidad social en la planificación de la producción de hijos, nosotras respondemos inmediatamente que el tipo de *responsabilidad social* que sentimos no es de ningún modo la de ajustarnos a nuestro nivel salarial, sino acabar con nuestro nivel salarial, nuestro mecanismo salarial, para poder tener, *todas, todos* los hijos que queramos y *sólo* las veces que queramos.

Justamente en tanto seamos capaces de luchar para enconar y actuar hasta el fondo este derecho de cada una y de todas de poner un hijo sobre la faz de la Tierra todas las veces que queramos, mediremos la única responsabilidad social que sentimos.

Es un derecho que frecuentemente debe pasar todavía por la conquista de una habitación para dos, porque si la comunidad en la que los progenitores hacemos el amor en frente de los hijos pudo haber sido un paraíso perdido, ahora, después del pecado original que separó a Adán y Eva y a éstos de sus hijos, la habitación para dos es una conquista mínima tanto en Turín como en Reggio-Calabria.

La promiscuidad como hacinamiento es lo opuesto a la comunidad que queremos conquistar.

Hacer el amor todas las veces que se quiera, tener hijos todas las veces que se quiera en un ambiente cómodo, cálido y bello.

Lo cual quiere decir *no pagar esta maternidad ni al precio del salario ni al precio de la exclusión.*

Sólo *midiendo cuánto gozamos de este derecho* mediremos de *cuánta riqueza social gozamos.*

MOVIMENTO DI LOTTA FEMMINILE DE PADUA

Junio de 1971

impreso en litográfica ingramex, s.a.
centeno 162 - méxico 13, d.f.
mil ejemplares y sobrantes para reposición
25 de abril de 1979

www.ingramcontent.com/pod-product-compliance
Lightning Source LLC
Chambersburg PA
CBHW032007190326
41520CB00007B/383